Alimentos para o equilíbrio e a saúde

Alimentos para o equilíbrio e a saúde

Incorpore a dieta alcalina a pratos saborosos em todas as ocasiões

Natasha Corrett
Vicki Edgson
Fotos: Lisa Linder

PUBLIFOLHA

De Tash
Para a mulher mais inspiradora da minha vida, Stephanie, minha incrível avó, verdadeira amiga e amparo sensacional.

De Vicki
A meus milhares de clientes, que me inspiram, com sua aprendizagem e suas descobertas, tanto quanto o meu conhecimento em nutrição. Estamos juntos nesta viagem.

Equivalência de medidas:
1 colher (chá) = 5 ml
1 colher (sopa) = 15 ml
1 xícara (chá) = 250 ml
Observe que o peso dos ingredientes secos varia de acordo com o volume, portanto 1 xícara de farinha de trigo pesa menos que 1 xícara de açúcar.

Legenda dos símbolos de nível alcalino (pp. 14-5)

♥♥♥ ingrediente ou receita extremamente alcalina

♥♥ ingrediente ou receita muito alcalina

♥ ingrediente ou receita alcalina

♥ ingrediente ou receita vegana

Apesar de todos os cuidados tomados na elaboração das receitas deste livro, os editores não se responsabilizam por erros ou omissões decorrentes da preparação dos pratos. Pessoas com restrições alimentares, grávidas e lactantes devem consultar um médico especialista sobre os ingredientes de cada receita antes de prepará-la. Suplementos alimentares devem ser tomados sob orientação médica. As fotos deste livro podem conter acompanhamentos ou ingredientes meramente ilustrativos.

Observações, exceto se orientado de outra forma:
- Use sempre ingredientes frescos
- O forno deve ser preaquecido na temperatura indicada na receita

INTRODUÇÃO

Desde o nosso primeiro livro, *Alimentos para o bem-estar*, a dieta alcalina ganhou força por ser o meio ideal de usar deliciosos ingredientes orgânicos como fontes de energia, saúde e bem-estar, e a mídia destacou esse jeito cada vez mais comum de controlar o que se come.

Ficamos felizes – e, devemos confessar, totalmente surpresas – diante do enorme sucesso do primeiro livro e dos milhares de perguntas que ainda recebemos a respeito dos princípios da dieta alcalina, além dos pedidos de mais receitas. Por isso, dedicamos nossa energia e atenção para suprir essas demandas. O resultado é *Alimentos para o equilíbrio e a saúde*, que mostra como a dieta alcalina pode se encaixar no dia a dia. Seja na preguiça do fim de semana ou do café da manhã na cama, seja comendo lanche em uma viagem a trabalho, ou nas refeições diárias, em festas e reuniões com amigos, você vai encontrar receitas fáceis e inspiradoras para qualquer ocasião.

Em sua forma mais simples, seguir uma dieta alcalina significa adotar uma abordagem predominantemente vegetariana. Para garantir que coma sempre a melhor combinação de nutrientes, recomendamos verduras e legumes variados junto com leguminosas, oleaginosas e sementes, alimentos vivos ou germinados, vindos da terra ou do mar (nutrem a musculatura e fornecem proteínas reparadoras). Neste livro, explicamos o que é uma dieta alcalina (e o que é uma dieta formadora de ácidos) e apresentamos, nas pp. 14-5, um quadro sintético dos níveis de alcalinidade dos alimentos mais usuais.

Logo após o lançamento de *Alimentos para o bem-estar*, o serviço de entrega de refeições diárias Fridge Fill, de Tash, cresceu rapidamente, assim como os clientes, os amigos e também as perguntas que surgiram com o sucesso da publicação. Tash quase não saía mais da cozinha para poder atender à demanda sempre crescente, mas ficamos felizes por ver tantas pessoas reagindo de forma tão positiva às informações e receitas do livro.

Hoje, o Fridge Fill é um negócio em tempo integral em que Tash elabora cardápios semanais entregues em todo o Reino Unido. É maravilhoso ver como a mensagem dos benefícios positivos da dieta alcalina alcança um público cada vez maior.

Como podem atestar os leitores do primeiro livro, fazer refeições nutritivas não significa se privar de algo. Felizmente, os doces caseiros nunca foram excluídos do cardápio e, em termos de sabor e nutrientes, são bem melhores – já que nossas receitas usam adoçantes naturais (frutas e especiarias, ou açúcares de fontes naturais, por exemplo) – do que aqueles produzidos comercialmente, que contêm açúcares refinados (que estão entre as formas mais ácidas de dieta). E quem achar que não pode viver sem proteína animal vai encontrar receitas que incluem uma pequena quantidade dela; isso dito, gostaríamos de incentivar nossos leitores a tentarem seguir uma dieta vegetariana por apenas três semanas para verem como vão se sentir melhor.

As reuniões com amigos ou familiares são momentos importantes, e preparar pratos que agradem a todos faz parte da vida de todo cozinheiro. Tash criou receitas perfeitas para aniversários ou festas ao ar livre que atendem a todos os gostos e idades. Vamos falar a verdade: quem vai se sentir velho demais quando chegar a hora de provar um biscoito de gengibre, um sorvete de frutas ou um bolo de aniversário? Mas é ótimo saber que todos os membros da família podem seguir uma dieta alcalina; nossas receitas fornecem todos os nutrientes vitais tanto para crianças em fase de crescimento quanto para adultos de qualquer idade. E para que comer sanduíche ou massa prontos quando existem outras opções, como sushis vegetarianos, torta de espinafre e tomate assado, ou curry verde cru com "macarrão" de abobrinha? Quem come de forma saudável não sente fome, pois os alimentos naturais são ricos em nutrientes.

À medida que novas pesquisas destacam os efeitos potencialmente nocivos e até mortais dos alimentos produzidos em massa – muitos dos

quais teríamos dificuldade de encontrar na natureza –, incentivamos nossos leitores (antigos e novos) a voltar à cozinha, para selecionar seus próprios ingredientes crus e prestar atenção no que colocam na boca. Não é por acaso que a obesidade e o diabetes estão aumentando, que os problemas de pele se espalham, que as doenças relativas a distúrbios hormonais se tornam pandêmicas e que o câncer afeta mais de um em cada três adultos ou crianças no mundo. Precisamos fazer a pergunta óbvia: por que isso acontece em um mundo onde a pesquisa médica nunca esteve tão adiantada quanto hoje? Uma das respostas deve ser "por causa dos alimentos que comemos".

Mas escolher ingredientes orgânicos ou integrais não significa ter que gastar muito dinheiro. Aprecie a riqueza da natureza cultivando seus próprios alimentos – ervas e pequenos legumes –, seja em vasos no peitoril da janela, seja no jardim. O sabor caseiro é incomparável. Além de lhe fornecer constantemente ingredientes, cultivar é fácil e barato; e é uma maneira de se conectar à natureza e entender "de onde vem a comida".

Sabemos que, mesmo para quem tem alguma dificuldade de emagrecer, a dieta alcalina é o método mais saudável e duradouro de perder peso de forma permanente até o corpo alcançar a medida ideal. Ela ajuda o organismo a se nutrir com alimentos de qualidade, reduz o índice de massa corporal e deixa a aparência mais esbelta.

Assim, folheie este livro, salive diante das deliciosas receitas (por favor, faça os pratos, não fique só admirando as fotos) e veja por si como sua energia vai crescer, seu desconforto vai diminuir e como se sentirá em forma e mais jovem. Nós somos a prova viva disso, assim como os milhares de leitores do primeiro livro. Então, curta a leitura!

Tash x Vicki

Tash e Vicki

CONHEÇA O ÁCIDO A PARTIR DO ALCALINO

A última vez que você topou com o termo "pH" talvez tenha sido na aula de química na escola, e é bem provável que nunca o tenha relacionado aos alimentos. Mas associar dados básicos sobre o ácido e o alcalino com comida é simples – vamos lhe mostrar – e ajuda a explicar por que a dieta alcalina beneficia seu corpo.

Não é o sabor que conta

É bastante comum pressupor quais alimentos são ácidos e quais são alcalinos em função do sabor, mas essa não é a maneira correta de saber. Muitos alimentos têm sabor neutro, como o iogurte, e ao serem digeridos tornam-se ácidos no sistema digestório. E o limão-siciliano ou o taiti, por exemplo, podem ter sabor ácido, mas ao serem digeridos se tornam alcalinos.

Quando comemos, os alimentos são digeridos por várias enzimas secretadas na boca, no estômago e, finalmente, no intestino delgado. A forma digerida dos alimentos é chamada "resíduo", bem diferente da sua versão original. O resíduo dos alimentos é a versão totalmente digerida – isto é, quebrada em estado líquido –, prestes a ser absorvida pelo fluxo sanguíneo e transportada até todas as células do nosso corpo.

Normalmente, o resíduo dos alimentos que têm sabor ácido na língua, como as frutas cítricas, o tomate e os picles (como o gengibre em conserva ou a ameixa umeboshi), torna-se alcalino, proporcionando uma melhora da função digestiva. Por outro lado, alguns alimentos, como a carne, os laticínios e os cereais refinados, produzem resíduos ácidos e formam ácidos no corpo. Essa transformação durante o processo digestivo é o nosso conceito-chave – não é o sabor que conta, e sim o efeito que ele produz no sistema digestório.

Ao ser bombardeado com alimentos formadores de ácidos, seu corpo precisa utilizar recursos próprios para recalibrar o pH sanguíneo dentro de limites estritos, o que pode significar remover os minerais do tecido ósseo ou exigir mais trabalho dos rins e do fígado.

O que é pH?

Os valores do pH são medidos de 0 a 14:
os valores de 0 a 6,9 são ácidos;
os valores de 7,1 a 14 são alcalinos;
e 7 é considerado um valor neutro.

Para que seu corpo funcione de maneira ótima, todas as reações bioquímicas que ocorrem para lhe fornecer energia, digerir os alimentos e regular o humor (entre outras coisas) precisam acontecer em condições controladas. O pH sanguíneo ocupa uma faixa estreita, de 7,35 a 7,45, levemente alcalina, e seu corpo faz o possível para manter esse valor.

Confortáveis para o corpo

Os alimentos alcalinos são de fácil digestão, tendo como resultado direto melhorar a função imunológica do trato intestinal e prevenir automaticamente problemas de indigestão, inchaço ou flatulência. E nem todos os legumes ou frutas são iguais. A maior parte dos legumes e verduras, principalmente os verdes, é altamente alcalina, enquanto algumas frutas (como o abacate ou o tomate) produzem resíduos alcalinos ou neutros ao serem digeridas.

Como você vai ver na seção de receitas, não há limites no preparo de pratos à base de alimentos alcalinos. As frutas podem ser cozidas em fogo brando para produzir uma forma concentrada natural de açúcar alcalino, proporcionando um toque doce preferível à simples ingestão de frutas macias, como framboesas ou morangos, que são mais ácidas (e estão entre as frutas com maiores taxas de intolerância alimentar).

Para descobrir quais alimentos são alcalinos e quais são ácidos (e qual é sua gama de variação), veja o quadro das pp. 14-5.

Caso de inflamação

Além de exigir demais do seu sistema digestório, os alimentos formadores de ácidos provocam inflamações e produção de muco. Pense em alguém que sempre está com um lenço à mão porque o nariz não para de escorrer (rinite) ou sofre de gotejamento pós-nasal (com a impressão constante de ter catarros e de precisar limpar a garganta). Os problemas de inflamação alcançam desde a pele (eczema e psoríase) até os ossos, desde os músculos e articulações (artrite e inchaço) até o intestino grosso (doença de Crohn e colite ulcerosa). Esses problemas podem ser debilitantes, levando a mudanças no estilo de vida, e – não é preciso dizer – são intensamente penosos.

Diversas pesquisas já mostraram que a maior parte das doenças cardiovasculares também começa com uma inflamação, e que o controle dessa inflamação é a chave para reduzir o risco de ataque cardíaco e AVCs. Muitos médicos prescrevem remédios anti-inflamatórios sintéticos, mas o ideal não seria que receitassem as versões naturais desses medicamentos, como as oleaginosas e sementes, e seus óleos (azeite, óleo de girassol, de abacate ou de nozes)?

A semente de chia, originária da América Central e conhecida desde os astecas, hoje é considerada a maior fonte de ácidos graxos essenciais ômega-3 vegetarianos – principal alimento anti-inflamatório (p. 22, outras fontes vegetarianas de ômega-3; e p. 63, uma deliciosa receita de café da manhã com esse versátil ingrediente).

Tudo é questão de equilíbrio

Nos capítulos seguintes, recomendamos que sejam ingeridos principalmente alimentos alcalinos (sugerimos 70% alcalinos e 30% de alimentos formadores de ácidos), mas não 100% de alcalinos. Com uma dieta baseada na proporção 70/30, é possível sentir saciedade com menos comida, pois os alimentos alcalinos nutrem sem exigir muita energia para serem digeridos, equilibrando as taxas de açúcar no sangue e fornecendo mais energia. Adiante, falaremos da melhor maneira de alcançar essa proporção (p. 42).

A dieta alcalina não é a simples relação entre calorias ingeridas e calorias gastas, medida pelo fato de um alimento ser bom ou não para você ou seu controle de peso, mas pela densidade nutritiva do alimento e sua biodisponibilidade na digestão.

Em relação à densidade nutritiva, entende-se a abundância de nutrientes específicos e combinados fornecidos por um alimento, como proteínas, antioxidantes e ácidos graxos essenciais. Se, por exemplo, escolhermos o abacate, a abordagem baseada na contagem de calorias faz com que ele seja descartado por seu alto teor de calorias, mas essa interpretação deixa de considerar sua rica fonte de proteínas, ácidos graxos essenciais e vitaminas antioxidantes – que fazem da fruta um perfeito superalimento. Na abordagem alcalina, esse aspecto é mais importante que as calorias em si. Além do mais, alguns alimentos liberam seus nutrientes mais rapidamente que outros, como as verduras verde-escuras, mais bem digeridas pelo corpo, proporcionando tudo de que precisamos.

Grande parte dos alimentos alcalinos, como o limão, o aipo, o agrião, o espinafre, a couve e a acelga, são repletos de água. E essa água, rica em nutrientes e minerais, é mais bem absorvida pelo organismo do que a água engarrafada, porque as moléculas de glicose desses alimentos ajudam a levá-la até a membrana das células dos órgãos em que a hidratação é mais necessária. Assim, hidratamos o corpo com alimentos e não apenas bebendo água. Do outro lado da escala, qualquer produto animal forma ácidos ao ser digerido, demorando mais para quebrar os componentes e exigindo muito ácido gástrico para completar até mesmo o primeiro estágio da digestão. Isso pode não ser um problema para crianças e adolescentes, cujo sistema digestório é mais robusto. Mas quem está estressado, estudando sob pressão, trabalhando horas a fio, ou grávidas e idosos, tem uma produção de ácido gástrico reduzida ou inexistente, enfrentando problemas de azia, eructação (arrotos), náuseas ou dor ao comer. A situação hoje bem comum de intolerância à lactose (a intolerância aos laticínios, em particular), que atinge tantas pessoas no mundo todo, exemplifica perfeitamente como os alimentos formadores de ácidos podem sobrecarregar e prejudicar o sistema digestório.

Quem nunca ouviu alguém dizer "não consigo comer carne vermelha, demoro dias para digerir"? Bem, é verdade. A carne vermelha, assim como a de frango ou a de outras aves, forma ácidos e demora até quatro dias para ser quebrada na digestão, podendo provocar sintomas como constipação intestinal, enxaquecas, irritação da pele (sinal de toxicidade no intestino) e até depressão.

Tão perto da natureza quanto possível

Nem é preciso dizer: quanto mais próximo do estado natural estiver o alimento, maior será sua densidade nutritiva. Cozinhar em temperaturas baixas ou desidratar alimentos crus que foram moídos e misturados (Chips de couve com chocolate, p. 84, ou Rolinho de frutas, p. 147) preserva os nutrientes, especialmente as vitaminas hidrossolúveis, que correm mais o risco de ser danificadas quando cozidas em altas temperaturas. Assar, cozinhar no vapor ou em fogo brando é preferível, por permitir que os alimentos cozinhem devagar sem perder o sabor, a textura ou as suas qualidades (veja também Comida crua e métodos de cozinhar, p. 50).

Na extremidade mais baixa da escala estão os alimentos processados que passaram por vários métodos de cozimento ou aquecimento, ou os que contêm edulcorantes altamente formadores de ácidos ou agentes químicos para preservá-los. Nunca são satisfatórios nem alcalinos e apenas servem para aumentar os problemas digestivos, desregular as taxas de açúcar no sangue e aumentar o risco de engordar. Os maiores vilões são os pacotes de salgadinhos, os macarrões instantâneos e os pães, bolos e bolachas artificialmente adoçados.

O QUE ALTERA O pH DA COMIDA?

O pH dos alimentos pode mudar na passagem do estado natural para o resíduo digerido. Além do mais, o estado interno do corpo afeta as funções corporais, inclusive a digestão (totalmente associada às emoções). Assim, as emoções negativas, o estresse, as mudanças de ritmo natural (viagens internacionais) e a deficiência de micronutrientes podem afetar a forma de processar e absorver os alimentos.

Ajude seu corpo a se ajudar Seu corpo produz naturalmente enzimas para digerir a comida de forma constante, mas a falta de sono, as viagens internacionais frequentes e as emoções negativas (como a raiva, a frustração ou a depressão) podem afetar profundamente essa produção, já que o corpo dedica cada vez mais energia para solucionar essas questões do que para a função digestiva em si.

Revigorantes positivos Em *Alimentos para o equilíbrio e a saúde* defendemos a alimentação consciente para garantir que você sempre esteja ciente do que coloca na boca (p. 47). Mas alguns vão atrás da comida como se fosse um tipo de revigorante. Se você comer movido por uma emoção – por exemplo, por estar irritado ou por se sentir abandonado –, é provável que escolha alimentos que não serão nutritivos, sob o pretexto de que "merece" tentar melhorar seu humor. Mas, aqui, nós sabemos que a única maneira de se reconfortar positivamente consiste em beber ou comer alimentos alcalinos – por exemplo, em vez de escolher bolachas de chocolate, tome um ótimo smoothie com avocado, brócolis e agrião (p. 64) ou coma uma barra caseira de granola (p. 87) – e cuide de si, em vez de aumentar os estragos.

Não caia na "síndrome do sanduíche irrefletido" Quando sentimos estresse e temos dificuldade para lidar com certas situações, nosso corpo produz, em grande quantidade, um hormônio chamado cortisol. A função original do cortisol é ajudar o corpo a lidar com o estresse, mas, ao desviar a atenção para os músculos em detrimento do sistema digestório, ele baixa a produção de ácido gástrico, que, por sua vez, tem mais dificuldade para quebrar qualquer tipo de alimento, especialmente as proteínas. Mesmo com falta de tempo para comer, não belisque qualquer coisa para tentar se saciar – comer rápido demais e sem se concentrar na comida é o que chamamos de "síndrome do sanduíche irrefletido". Dedique tempo e cuidado à escolha dos alimentos – o trigo que serve de base para o pão é altamente ácido, assim como a maior parte dos recheios de sanduíches. Dê preferência a um Wrap de salada (p. 69), ao Pesto de Lyra (p. 110) ou ao famoso homus de Tash (p. 211), acompanhado de legumes crus.

Maximize os micronutrientes O magnésio e a vitamina C são importantes para proteger os rins contra os alimentos formadores de ácidos ou de resíduos ácidos em excesso (p. 9). Assim, escolha alimentos ricos em magnésio e vitamina C. O magnésio é encontrado de forma abundante nas verduras verde-escuras que estão no topo da tabela alcalina. De fato, comer alimentos das listas Extremamente alcalinos e Muito alcalinos (pp. 14-5) todos os dias é um meio rápido e certo de obter bastante magnésio e vitamina C. Como não conseguimos armazenar a vitamina C no corpo, precisamos ingerir alimentos ricos nesse nutriente no dia a dia para obter esse importante antioxidante, que garante uma ampla proteção contra os radicais livres produzidos pelo corpo para responder ao estresse. Na qualidade de antioxidante, a vitamina C é encontrada de forma abundante nas frutas, verduras e legumes que estão no topo da tabela alcalina.

DOS SUPERALIMENTOS ALCALINOS AOS CONTRAINDICADOS

Extremamente alcalinos	Muito alcalinos
Acelga	Abacate
Água alcalina pH 9,5	Acelga-chinesa
Algas comestíveis *kelp, nori, wakame*	Aipo
Amêndoas	Alface
Brotos *soja, alfalfa, abóbora, girassol, brócolis, amaranto, gergelim, chia*	Alho
Brócolis	Berinjela
Chicória	Beterraba
Couve	Cebola
Erva-doce	Cebola roxa
Espinafre	Cebolinha
Leguminosas *feijão-azuqui, grão-de-bico, lentilha, feijão-da-china, ervilha seca*	Cebolinha-francesa
Gramíneas *erva de trigo, cevada, kamut etc.*	Chia
Pepino	Coentro
Sal marinho céltico ou de Guérande (sal cinza)	Endívia
Sal rosa do Himalaia	Feijão-branco
Salsa	Feijão-verde
Vinagre de maçã	Figo
	Gengibre
	Limão-siciliano
	Limão-taiti
	Manjericão
	Mostarda (folhas)
	Pimentões (todas as cores)
	Pólen de abelha
	Quiabo
	Quinoa
	Rabanete
	Repolho
	Rúcula
	Tomate
	Tupinambo
	Vagem

A questão-chave é saber que alimentos vão aumentar sua alcalinidade. Com essa finalidade, criamos esta tabela para lhe fornecer uma lista de ingredientes efetivamente alcalinos e que se encaixam nas receitas apresentadas na segunda parte deste livro.

Alcalinos	Meio alcalinos	Pouco alcalinos	Ácidos
Abóbora-cheirosa	Ameixa	Abacaxi	Álcool
Abóbora-moranga	Ameixa branca	Amora	Cacau
Abobrinha	Arroz integral	Arroz-selvagem	Café
Agrião	Aveia	Banana	Carne bovina
Alcachofra	Avelã	Cranberry	Chá preto
Alho-poró	Batata-branca	Damasco	Cordeiro
Aspargo	Castanha-do-pará	Farinha de centeio	Edulcorantes
Azeite	Cereja doce	Farinha de trigo integral *em pães e massas integrais*	Farinha de trigo
Batata-doce	Cevadinha	Feijão-roxinho	Fermento
Batatas novas	Cogumelos	Framboesa	Frango e outras aves
Castanha-de-caju	Ervilha-torta	Goiaba	Frutas secas
Castanha-portuguesa	Espelta ou trigo-vermelho	Grão-de-bico	Gelatina
Cenoura	Farinha de trigo-sarraceno *em pães, massas ou macarrão*	Kiwi	Geleia
Coco: polpa, leite e água	Feijão-preto	Laranja	Ketchup
Couve-de-bruxelas	Leite de arroz	Maçã	Laticínios *leite, queijo, iogurte*
Couve-flor	Leite de soja	Maionese	Mel
Ervas e especiarias *tomilho, hortelã, gengibre, cominho etc.*	Melancia	Manga	Missô (e outros alimentos fermentados)
Ervilha	Melão-cantalupo	Mangostão	Molho de soja
Fava	Milho para pipoca	Manteiga vegana	Moluscos (mariscos, ostras, vieiras etc.)
Grapefruit	Nectarina	Maracujá	Mostarda industrializada
Leite de amêndoa	Noz-pecã	Milho em lata	Ovos
Leite de cabra	Óleo de girassol	Mirtilo	Peixes de cativeiro
Lentilha	Óleo de sementes de uva	Morango	Porco
Nabo	Painço	Papaia	Suco de frutas adoçado
Óleo de abacate	Peixe selvagem	Peixes oceânicos	Xarope de arroz
Óleo de coco	Pera	Pêssego	Xarope de milho
Óleo de linhaça ou de Udo, *mescla de óleos: ômega-3/6, usada como suplemento*	Pinhole	Pimenta	Vinagre *exceto o vinagre de maçã*
Romã	Pistache	Queijo de cabra	
Ruibarbo	Proteína em pó de arroz/soja	Queijo vegano	
Tofu	Sêmola	Sucos frescos, naturais *de manga, pêssego, damasco*	
Trigo-sarraceno	Soja	Uva	
	Tâmara fresca		

Atualização dos alcalinos

A avaliação de cada categoria se baseia nos mais recentes testes bioquímicos com alimentos digeridos. Assim, alguns alimentos listados como alcalinos no primeiro livro mudaram para a categoria dos ácidos, mas em geral a tabela permanece igual.

O CORPO SEM EQUILÍBRIO?

Quando foi a última vez que você se sentiu realmente bem, cheio de energia e com a mente clara, a pele radiante e de aspecto jovem, o cabelo sedoso e forte, sabendo e obtendo exatamente o que quer da vida?

Então, como está se sentindo?

O funcionamento otimizado do corpo e da mente depende totalmente do equilíbrio de nutrientes na alimentação, de exercícios regulares, de ar fresco e sono de boa qualidade. Supõe-se que seja fácil, mas, mesmo assim, muita gente se sente "abaixo da média" boa parte do tempo.

Se sentir que não está com gás total, é hora de fazer uma avaliação e ver honestamente quanto tempo dedica a cuidar de si. É fácil demais parar no supermercado ou em uma lanchonete a caminho do trabalho para comer um sanduíche ou salgado, embora você saiba que essa escolha não vai lhe trazer saciedade por muito tempo. Começar o dia de forma saudável – com pratos à base de grãos e com frutas frescas, verduras e legumes em sucos ou smoothies – muda completamente a regra do jogo, e acreditamos que isso seja o primeiro princípio da dieta alcalina.

Vá até a p. 64 para ver como é rápido e fácil fazer um smoothie verde de manhã. Essa bebida (que exige menos de cinco minutos para ficar pronta) é uma rica fonte de nutrientes essenciais, além de combater a acidez que se formou no estômago durante a noite e ajudar o corpo em seu processo natural de desintoxicação. Uma ótima maneira de começar o dia.

Dieta alcalina – a qualquer idade

A juventude é um presente extraordinário, e muitas pessoas não lhe dão o devido valor – até que um dia, muitos anos depois, olham para trás. Queremos incentivar todos, não importa a idade, a começar o mais cedo possível a dieta alcalina. Com o crescimento da obesidade infantil, é importante que os pais incentivem seus filhos desde cedo, adotando uma prática de dieta alcalina, para garantir que pelo menos metade da alimentação das crianças seja saudável, fresca e alcalina. A infância é uma ótima época para aprender sobre os benefícios de uma boa comida caseira e não industrializada e, também, para dar os primeiros passos na arte de cozinhar. O humor, os resultados na escola, a concentração e a qualidade do sono são diretamente afetados pela comida ou merenda que as crianças consomem. O déficit de atenção e a hiperatividade se tornaram quase pandêmicas, assim como o consumo de comida artificial e refrigerantes, no lugar de sucos frescos e hortaliças, seja em casa ou na escola.

Proporcione um diferencial de vida para seus filhos ao introduzir a dieta alcalina para toda a família – você vai trazer paz para casa e garantir que as crianças entendam melhor a maneira como os alimentos afetam o humor e o comportamento. Embora não possa evitar a montanha-russa dos hormônios que inevitavelmente ocorre na infância e na puberdade, a dieta ajudará a reduzir o aparecimento de acnes, a propensão a roer as unhas e o cabelo oleoso, característicos da adolescência (e todos atribuíveis ao consumo de certos alimentos).

Do mesmo modo, as pessoas mais idosas precisam de alimentação de melhor qualidade, e a dieta alcalina garante que estejam bem nutridas e não apáticas, ranzinzas ou desatentas. Pesquisas recentes mostram que a incidência de doenças relacionadas à idade, como Alzheimer, pode ser reduzida de forma significativa com a ingestão apropriada de antioxidantes, muitos dos quais se encontram nas frutas e legumes frescos alcalinos e em fontes vegetarianas de proteínas. Para quem mora com pais idosos, o entendimento da importância da boa alimentação nessa fase da vida é óbvio, e isso muitas vezes não envolve muito trabalho, já que as refeições, mais leves, costumam levar alimentos frescos.

O que seu corpo está tentando lhe dizer

Para saber quanto seu corpo está fora do equilíbrio, convidamos você a consultar as listas seguintes, que destacam os sintomas mais comumente encontrados em corpos prejudicados por alimentos formadores de ácidos e que não recebem todo o cuidado de que precisam. Embora estas relações não estejam apresentadas em um formato "de 1 a 10", logo que percorrer os itens listados você vai descobrir de que maneira seu corpo está desequilibrado. Está na hora de fazer um balanço!

Ao percorrer as listas, note todos os sintomas com os quais se identifica. Uma ótima maneira de ver como sua saúde pode melhorar consiste em reler estas relações após algumas semanas de dieta alcalina. Você vai se surpreender ao ver quantos antigos sintomas já não existem mais!

Pele

- ❍ Couro cabeludo seco, com caspa
- ❍ Pele irritada nas pálpebras
- ❍ Espinhas subcutâneas no rosto, braços ou pernas
- ❍ Pele oleosa
- ❍ Eczema
- ❍ Psoríase
- ❍ Acne
- ❍ Mudanças cutâneas devido aos hormônios
- ❍ Rubor no rosto ou pescoço
- ❍ Rugas prematuras
- ❍ Estrias
- ❍ Celulite

Cabelo

- ❍ Perda repentina ou importante na cabeça
- ❍ Queda de tufos
- ❍ Excessivamente oleoso
- ❍ Seco, frágil ou quebradiço, murcho ou sem brilho

Sistema digestório

- ❍ Eructação (arrotos)
- ❍ Língua branca
- ❍ Língua amarela
- ❍ Úlceras na língua ou na gengiva
- ❍ Gosto ácido da boca
- ❍ Mau hálito
- ❍ Azia
- ❍ Indigestão
- ❍ Inchaço
- ❍ Flatulência
- ❍ Constipação
- ❍ Diarreia
- ❍ Intestino irritado
- ❍ Hemorroidas
- ❍ Irritação anal
- ❍ Vômitos frequentes
- ❍ Intolerância alimentar e alergias

Unhas (mãos e pés)

- ❍ Secas
- ❍ Quebradiças
- ❍ Rachadas nas pontas
- ❍ Infeccionadas por fungo
- ❍ Levantadas do leito ungueal
- ❍ Rugosas, crescendo pouco

Energia e sono

- ❍ Baixa energia o dia todo
- ❍ Fadiga
- ❍ Dores musculares
- ❍ Padrão de sono irregular; cansaço de manhã
- ❍ Insônia
- ❍ Incapacidade de voltar a dormir
- ❍ Dificuldade para acordar
- ❍ Mal-estar sem motivo aparente

Imunidade
- ❍ Resfriados frequentes
- ❍ Infecções virais como o herpes-zóster
- ❍ Síndrome de fadiga crônica
- ❍ Dificuldade de recuperação após doença
- ❍ Infecções pulmonares frequentes
- ❍ Asma e outras alergias
- ❍ Rinite alérgica
- ❍ Cistite frequente

Fertilidade
- ❍ Menstruação irregular
- ❍ Menstruação abundante
- ❍ Síndrome do ovário policístico (SOP)
- ❍ Tensão pré-menstrual
- ❍ Dificuldade para engravidar
- ❍ Dificuldade para manter a gravidez

Humor
- ❍ Mente "nebulosa"
- ❍ Baixo astral
- ❍ Falta de motivação
- ❍ Perda de "direção"
- ❍ Sentimento frequente de melancolia
- ❍ Falta de autoestima
- ❍ Irritabilidade
- ❍ Pouca tolerância aos outros
- ❍ Sentimento de raiva
- ❍ Crises de choro frequentes
- ❍ Dificuldade para enfrentar situações
- ❍ Ansiedade
- ❍ Ataques de pânico

Concentração e foco
- ❍ Perda frequente de memória
- ❍ Dificuldade para manter a concentração
- ❍ Incapacidade de recordar
- ❍ Gagueira

Sistema cardiovascular
- ❍ Palpitações
- ❍ Pressão sanguínea alta
- ❍ Falta de fôlego
- ❍ Dificuldade para subir escadas
- ❍ Bolsas de gordura sob os olhos
- ❍ Sobrepeso
- ❍ Veias varicosas
- ❍ Microvarizes

Risco de diabetes
- ❍ Compulsão por doces
- ❍ Sede frequente
- ❍ Compulsão por sal
- ❍ Urinação frequente
- ❍ Síndrome do ovário policístico (SOP)
- ❍ Infecções do trato urinário
- ❍ Fadiga intermitente
- ❍ Fadiga após comer

Como se comporta seu corpo?

Esses problemas lhe soam familiares? Você já se deparou com alguns deles? Esperamos que ao percorrer essas listas você possa identificar quais são as principais áreas de desequilíbrio do seu corpo. É importante entender que esses sintomas funcionam como um alerta para que você o trate o corpo de forma apropriada. Nas próximas páginas, vamos ver cada um dos sistemas ou das funções corporais e explicar por que seu corpo está agindo dessa forma e como a dieta alcalina pode ajudá-lo a recuperar o equilíbrio. Veja a seguir como a mudança alimentar pode melhorar sua vida!

Então, o que está acontecendo por dentro?

Acreditamos que o começo de todos os desequilíbrios esteja na má digestão. O trato digestivo é a nossa interface com o mundo externo, e a maneira como nosso corpo reage a certos alimentos é um sinal quase imediato da eficiência do nosso sistema imunológico em nos proteger contra patógenos encontrados no meio ambiente – inclusive os suplementos alimentares. Várias pesquisas científicas mostraram que temos um "segundo cérebro" dentro do sistema digestório. Percebemos a estreita conexão que existe entre o cérebro e o intestino ao sentirmos um "nó na barriga", e também se comprovou que isso mexe com nosso humor ou estado mental – algo fácil de imaginar, já que 90% dos receptores de serotonina do corpo se situam no intestino. Esse segundo cérebro nos alerta de várias maneiras quando comemos algo nutritivo (como frutas, legumes e grãos integrais, que despertam um sentimento de prazer e bem-estar) ou potencialmente prejudicial (alimentos que provocam alguma reação, de língua inchada a anafilaxia).

Quanto mais consumimos alimentos processados, mais nosso corpo tenta se adaptar aos ataques de açúcares, edulcorantes, aditivos e conservantes, que provocam a redução da imunidade intestinal. E como pelo menos 70% do nosso sistema imunológico fica no sistema digestório, há uma correlação imediata entre o mau alimento e o fato de não se sentir bem.

Não sugerimos que a mudança para uma dieta alcalina remedie todos os sintomas listados na página anterior, mas você pode descobrir que muitos problemas crônicos desaparecem com a alteração de hábitos alimentares, de uma dieta essencialmente animal para uma abordagem mais vegetariana, conforme as estações e em sintonia com a natureza.

Então, veja os diferentes sintomas de desequilíbrio e descubra por que apresenta alguns deles.

Sistema digestório

Sem dúvida, o funcionamento do sistema digestório é ao mesmo tempo complicado e milagroso. Ele consegue quebrar qualquer coisa que comemos em uma série de blocos de construção (proteínas), provedores de energia (carboidratos) e outras moléculas vitais e necessárias (gorduras). Mas a dieta ocidental atual (que em média consiste em mais de 40% de produtos de origem animal no dia a dia) cria muita acidez no corpo, forçando o fígado, a vesícula biliar e os intestinos (e os rins por decorrência) a trabalhar mais do que quando seguimos uma dieta predominantemente vegetariana e alcalina. Inúmeras pesquisas mostram que a dieta vegetariana ajuda a evitar mortes prematuras.

Grande parte dos produtos de origem animal, como as carnes, os laticínios de vaca, as aves e os ovos são altamente formadores de ácidos (p. 15) e portanto requerem níveis maiores de enzimas digestivas e ácido clorídrico no estômago, demorando muito mais para serem quebrados enquanto passam pelo processo de digestão. Alguns alimentos de origem animal podem demorar dias para atravessar o sistema inteiro, causando putrefação, flatulência e eructação (arrotos). Isso dito, incluímos os ovos em várias receitas, já que, embora estejam no final da escala de alimentos formadores de ácidos, devem entrar nos 30% da nossa dieta, pois são muito ricos em outros nutrientes necessários a uma nutrição equilibrada.

Além do mais, quando os alimentos de origem animal permanecem no intestino dessa forma, o equilíbrio entre bactérias "boas" e "ruins" – cujas funções são vitais no intestino grosso – fica comprometido, provocando uma ampla série de sintomas, entre os quais enxaquecas, perda de concentração e de foco, desidratação, edema, eczema e outras irritações cutâneas.

Microrganismos do tipo *Candida*, encontrados naturalmente no intestino grosso, alimentam-se de açúcares, inclusive aqueles presentes em produtos à base de leite, como os iogurtes e os queijos. Eles podem se tornar patogênicos (prejudiciais) se não vigiados e transmutar em fermento ou fungo,

despertando ampla série de sintomas, como enxaqueca, falta de concentração, eructação, flatulência e sensação geral de mal-estar.

Hoje, cada vez mais pessoas descobrem que são sensíveis a vários alimentos, principalmente devido às modificações genéticas de muitos deles e ao uso de pesticidas, além de outros produtos químicos. O sistema digestório não suporta o número crescente de produtos químicos e artificiais que alteram a comida. O revestimento do tubo digestivo permite a passagem de pequenas moléculas do trato gastrointestinal para o fluxo sanguíneo (sua permeabilidade), para transportá-las pelo corpo todo. O crescimento excessivo de bactérias no intestino afeta essa permeabilidade, e hoje é reconhecido como uma causa real de intolerância alimentar e alergias, por permitir que partículas de alimentos indigeríveis passem para o fluxo sanguíneo. O fato de essas partículas serem carregadas por todo o corpo explica por que sintomas tão diversos são causados por intolerância alimentar; os testes de intolerância para identificar quais alimentos provocam reações são uma peça-chave para atacar o problema. Tomar suplementos probióticos diariamente ajuda a reequilibrar o sistema digestório corrompido, enquanto se identificam os alimentos a serem suprimidos.

A constipação é uma importante causa de mal-estar. Comer muitas fibras de legumes e frutas é essencial para hidratar o intestino grosso, permitindo que a matéria residual circule livremente por ele. Há dois tipos de fibras – solúveis e insolúveis –, e a fibra solúvel é encontrada em frutas, verduras e legumes, sementes de linhaça, aveia, cevada e centeio, que ajudam na formação do bolo fecal.

Beber água para melhorar a hidratação é essencial, mas beber quantidades excessivas não ajuda, já que serve apenas para diluir as valiosas enzimas digestivas no estômago e no intestino delgado. Opte por tomar sucos vegetais ou smoothies verdes (p. 64), que são repletos de nutrientes que garantem a hidratação correta e o equilíbrio intestinal.

Pele

A pele é o maior órgão do corpo, envolvendo toda a estrutura e os órgãos e proporcionando uma barreira porosa contra o mundo externo. Também é um importante órgão de desintoxicação, permitindo que os resíduos sejam excretados através das glândulas sudoríparas e dos poros. Uma pele sufocada, com espinhas ou congestionada, é forte indicação de uma alimentação errada e de um corpo desequilibrado. Os vilões são os alimentos fritos (inclusive os salgadinhos), a carne vermelha, os laticínios processados e os alimentos com alto teor de gordura.

Já os problemas de pele seca indicam falta de gorduras essenciais, encontradas nas oleaginosas, sementes e seus óleos. Muitas das receitas que sugerimos incluem esses alimentos vitais, uma vez que os vegetarianos não podem contar com óleo de peixe para obter o ácido graxo essencial ômega-3, por exemplo, e devem encontrá-lo em oleaginosas ou sementes, entre outras coisas. Apreciamos as sementes de chia, originárias da América Central e hoje cultivadas no mundo todo, por se tratar de uma fonte vegetariana rica em ácidos graxos essenciais ômega-3 anti-inflamatórios (quadro à direita). Elas contêm até quinze vezes seu peso em fluidos, sendo um alimento bem hidratante, que nutre o intestino e abastece a pele, o cérebro, o coração e o corpo todo com seu óleo.

Uma dieta rica em alimentos formadores de ácidos destrói certas proteções trazidas pelos óleos essenciais, provocando inflamações, colesterol alto e problemas de pele. Mas a dieta alcalina revigora a pele, aumenta a produção de colágeno e protege a integridade da pele, garantindo que essa milagrosa barreira permaneça intacta e saudável.

Fontes vegetarianas de ácido graxo ômega-3

- azeitonas e azeite
- sementes de chia
- nozes e óleo de nozes
- sementes e óleo de linhaça
- sementes de gergelim e tahine
- sementes e óleo de abóbora
- noz-pecã
- pinhole
- ora-pro-nóbis
- gérmen de trigo
- vagem
- couve
- morango

Cabelo

Diz-se que os cabelos são uma indicação direta da nossa saúde interna, já que a haste deles armazena rastros de todas as toxinas, metais pesados e nutrientes, e pode ser avaliada por uma série de testes. Mesmo sem o ataque de tintas químicas ou outros produtos altamente tóxicos, a força e o brilho dos cabelos estão diretamente relacionados ao consumo de alimentos saudáveis ou não. Adotar uma abordagem alcalina vai se refletir no crescimento capilar em poucos meses. A sílica, mineral encontrado em muitos legumes e em certas algas (nori, wakame e dulce), e a biotina (encontrada em grãos integrais

Unhas

A força e o estado das unhas (das mãos e dos pés) dizem muito a respeito da saúde geral, assim como o estado do cabelo, da pele ou da cor e textura da língua! As unhas consistem essencialmente em proteína sólida de queratina, e as dietas pobres em proteínas podem comprometer a força e a forma delas. Unhas disformes ou amarelas podem indicar uma infecção fúngica que se origina no sistema digestório, como o fungo *Candida albicans*. O fato de diminuir o consumo de açúcares, alimentos refinados ou carboidratos processados, como pão, macarrão e arroz branco (que alimentam a produção de *Candida*), traz benefícios às unhas (assim como ao nível de peso e de energia).

A rugosidade das unhas pode ser sintoma de estresse prolongado ou de problemas de tireoide, especialmente se crescerem devagar, o que pode ser reflexo de metabolismo lento. Como a tireoide regula o metabolismo, ajudar essa glândula produtora de hormônios pode trazer mais saúde às unhas. Comer verduras ricas em magnésio e alimentos fartos em zinco, como arroz integral, oleaginosas e sementes, ajuda a abastecer as necessidades nutricionais da tireoide.

Por outro lado, o fato de as unhas racharem na largura pode indicar uma absorção pobre de minerais e uma diminuição do ácido gástrico. Para conter isso, reduza o ritmo de ingestão dos alimentos; mastigue bem todos eles e tome, sob orientação médica, um complexo enzimático digestivo de amplo espectro (que contenha protease, lactase, lipase e amilase) para melhorar o processo de quebra dos alimentos e facilitar a absorção dos nutrientes.

como a cevada, o trigo-sarraceno, o painço e o arroz integral) são componentes vitais para as hastes e os folículos de cabelo (de onde o cabelo cresce), que também precisam de gorduras essenciais para alimentar as hastes que se desenvolvem.

Embora outros fatores externos, como o estresse, o cigarro, o álcool e as toxinas ambientes, afetem a força e o estado dos cabelos, é possível contribuir para o reparo dos fios danificados ou enfraquecidos e recuperar-lhes o brilho natural e saudável ao adotar uma abordagem nutricional mais alcalina.

Energia

Para produzir energia, o corpo precisa dos três grupos alimentares (proteínas, gorduras e carboidratos), mas favorece os carboidratos, que são sua fonte primeira de combustível. Por esse motivo, muitas pessoas afirmam não poder viver sem massa, batata (fritas e chips) e cereais. Esses alimentos, que chamamos de carboidratos "simples", já que foram processados até um ponto em que têm pouco valor nutricional, só trazem uma curta carga energética, levando à necessidade de consumir ainda mais. Por outro lado, nossas receitas selecionam os carboidratos "complexos", derivados de grãos integrais que contêm muitos nutrientes (Muffin de espinafre e cenoura, p. 194, ou Faláfel de lentilha, p. 219) e fornecedores de energia durável.

Não é surpreendente descobrir que os maiores "drenadores de energia" são os refrigerantes cafeinados, o consumo excessivo de chá ou café e os lanches e doces muito adocicados, hoje encontrados em todo lugar. Embora seja um fato sabido, às vezes é difícil descartá-los, já que todos são extremamente viciantes. É interessante notar que também são altamente formadores de ácidos e obrigam o fígado e os rins a se livrar deles o quanto antes, incentivando mais desejo do mesmo alimento. Esse círculo vicioso precisa ser rompido, e incentivamos o aumento do consumo de alimentos frescos alcalinos e sucos ou smoothies ricos em minerais para mudar os hábitos. Com essa simples mudança, seu corpo vai se sentir mais nutrido, e seu nível de energia vai disparar.

Imunidade

Contamos com o nosso complexo sistema imunológico para nos proteger das bactérias e dos vírus que parecem sobreviver cada vez mais. As viagens frequentes de trem, avião ou transportes públicos nos expõem a uma quantidade sempre crescente de toxinas, sem mencionar aquelas potencialmente encontradas nos alimentos processados e na criação em massa de animais. Como a maioria do sistema imunológico de fato se encontra no aparelho digestório (mais do que no fluxo sanguíneo, como muitos pensam), o que se coloca na boca tem efeito direto em ajudar ou prejudicar a imunidade geral do corpo.

Quantidades excessivas de álcool, bebidas com cafeína ou alimentos altamente processados ou fritos são os principais inimigos, sendo o açúcar responsável pelo maior prejuízo à imunidade. Evitar o açúcar refinado ou alimentos edulcorados vendidos no comércio não significa que você deva abdicar dos doces. Dê uma espiada na parte de receitas deste livro e veja que não há por que renunciar a lanches e doces saudáveis e adoçados naturalmente (Bombom de coco e cacau, p. 212, e Torta crua de banana, p. 171). Lembre-se sempre de que esses doces utilizam ingredientes de melhor qualidade.

A forma natural dos adoçantes citados nas receitas do livro, como o xarope de tâmara e de bordo (de preferência orgânicos, para garantir a pureza), a canela, a noz-moscada e a baunilha, tem propriedades para reduzir inflamações e ajudar a imunidade (Adoçantes mais inteligentes, p. 32).

Fertilidade

A dieta alcalina é benéfica para a fertilidade porque o corpo funciona melhor no estado alcalino. Não há momento mais importante para ter uma ótima nutrição do que quando se planeja uma gravidez. As taxas de fertilidade despencaram muito nos últimos quinze anos, ao mesmo tempo que as quantidades de pesticidas, hormônios e antibióticos usados na alimentação dos rebanhos e o consumo de alimentos processados cresceram de forma exponencial junto com o aumento da população mundial. Esses antibióticos e hormônios entraram na cadeia alimentar e, infelizmente, encontram-se hoje em muitos solos do planeta.

Acreditamos que comer alimentos orgânicos, tanto quanto for possível, é a chave para sua saúde e fertilidade potencial. Lembre-se de que os alimentos que escolhe são como blocos de construção para reparar seu corpo, e a mulher precisa ter certeza de que está em boa saúde antes de engravidar, e não somente após saber da gravidez. Isso dito, nunca é tarde demais para começar a comer de forma saudável e mais consciente.

Entre os homens, a contagem e a qualidade do esperma (diretamente afetada pelas escolhas alimentares e os níveis de estresse) caíram no mundo ocidental. O zinco é um dos mais importantes minerais para uma produção saudável e para a motilidade do esperma, e micronutrientes como ele normalmente são eliminados do solo em que há cultivos comerciais, como o de trigo. É por isso que muitos cereais do café da manhã ou pães vêm "com adição" de vitaminas e minerais essenciais, já que esses nutrientes foram extraídos dos próprios grãos desde o início do processo. Escolher grãos integrais orgânicos, como aveia, centeio, trigo-sarraceno ou arroz integral, para fazer pães, bolos e biscoitos é uma opção bem mais saudável (Müsli de Bircher, p. 103, ou Muffin de nozes e banana, p. 98, exemplos perfeitos). Você vai descobrir que, além de serem de fácil preparo, proporcionam mais sabor e maior satisfação.

Concentração e foco

Não há nada mais frustrante que querer continuar um projeto que você iniciou e perder o foco ou não poder se concentrar nele. Alimentar o cérebro requer fornecer-lhe a própria matéria da qual ele é constituído em 60% – a gordura! Mas consumir o tipo certo de ácido graxo é essencial para prover os sinais químicos, ou neurotransmissores, que fazem milhares de conexões vitais, alimentam nossa criatividade e imaginação, conservam o conhecimento e aceleram o pensamento. Entre os adultos, quem nunca teve a experiência de se sentar diante do computador no final do dia sem conseguir fazer nada e com sensação de irritação. E você, já presenciou seus filhos saindo da escola irritados ou de mau humor por não terem comido a quantidade suficiente de alimentos com gorduras boas durante o dia? Todos precisamos de gorduras boas para funcionar.

Os ácidos graxos essenciais (ômega-3, 6 e 9) precisam provir da nossa dieta, pois não os produzimos no corpo – na dieta alcalina, encontram-se em abundância em oleaginosas e sementes; manteigas de oleaginosas e óleos de oleaginosas e de sementes proporcionam excelentes fontes de ômegas. Muitas pessoas cometem o erro de descartar esses alimentos, acreditando que eles engordam, sem entender que de fato nutrem o cérebro (e, claro, a pele).

Comer o que chamamos de gorduras "gordas" – alimentos fritos, chips e oleaginosas assadas – na realidade interfere ou bloqueia a absorção de ácidos graxos essenciais. Por outro lado, experimente ingerir uma pequena quantidade diária de oleaginosas ou sementes (ou seus derivados) durante três semanas para ver se não nota que sua concentração e seu foco subiram – e, claro, sem aumento de peso. Aliás, essas gorduras essenciais ajudam a perder peso, desde que consumidas sem exageros. Então, comece já!

Humor

Considera-se que por volta de 2020 a depressão só perderá para as doenças cardiovasculares como doença incapacitante no Ocidente, e sabe-se que as mulheres têm duas vezes mais probabilidades de desenvolver depressão que os homens. Lembre-se da explicação sobre o “segundo cérebro” (p. 20) para entender por que o que colocamos no sistema digestório tem um efeito tão profundo sobre nosso humor. Estando os receptores de serotonina principalmente localizados no intestino, e não no cérebro, fica claro que o fato de comermos mais alimentos frescos e alcalinos tem efeito pronunciado sobre nossa saúde mental e física.

Embora não afirmemos que uma boa alimentação pode substituir os remédios em casos mais graves, a dieta alcalina pode ajudar a manter o humor estável, a autoestima equilibrada e a calma emocional. Basta parar de beber café por duas semanas para se constatar o fim da agitação e ansiedade que por anos fizeram parte de sua vida. Muitas pessoas hoje procuram férias ou retiros do tipo “detox” porque estão ficando cada vez mais cientes de que a alimentação diária pode afetar o humor. Pelos mesmos motivos que explicam a necessidade de ácidos graxos essenciais para a concentração e o foco, também precisamos de uma gama completa de vitaminas do complexo B (p. 39) e de uma boa dose de proteínas para equilibrar os níveis dos neurotransmissores serotonina e dopamina no cérebro.

Todos os alimentos oriundos de animais, inclusive queijos de cabra ou ovelha e os ovos, contêm proteínas completas. Mas, para os veganos, é preciso encontrar fontes não animais. As proteínas das plantas estão em qualquer coisa que cresça de forma substancialmente maior que o ser original. Pense nas sementes de girassol, que se transformam em flores, ou nas nozes e amêndoas, que se tornam árvores. É a proteína que lhes permite crescer, e, quando ingeridas, essas proteínas são quebradas em blocos de aminoácidos, facilmente utilizáveis pelo cérebro e pelo corpo. Esses aminoácidos são o combustível para o funcionamento dos neurotransmissores, e qualquer deficiência afeta o humor.

A vitamina B_3, ou niacina, como é conhecida, é a vitamina mais associada ao baixo astral e à depressão. Os produtos de origem animal contêm as mais ricas fontes de vitamina B_3, de maneira que comer ovos em uma dieta essencialmente vegetariana é uma boa maneira de garantir a ingestão suficiente dessa vitamina; como mencionamos antes, os ovos são altamente formadores de ácidos, mas também são ricos em niacina e devem entrar nos 30% diários alocados a alimentos formadores de ácidos. Outras boas fontes vegetarianas de niacina são a levedura nutricional (Chips de couve com chocolate, p. 84), o farelo de arroz (ótima alternativa ao farelo de trigo), a maioria dos grãos integrais (o centeio, o trigo-sarraceno e a quinoa) e o tomate seco, que pode ser reidratado para recuperar todo o seu potencial nutricional.

Saúde cardiovascular

O vínculo entre os alimentos de origem animal formadores de ácidos e as doenças cardiovasculares fica cada vez mais claro: esses alimentos são repletos de gordura saturada, colesterol e gorduras trans (como as encontradas na margarina e nos alimentos fritos e assados em altas temperaturas), provocando depósitos nas artérias que causam a alta da pressão sanguínea e aumentam o risco de acidentes vasculares. A saúde das artérias e do coração depende de uma variedade de nutrientes – inclusive os ácidos graxos essenciais encontrados em oleaginosas e sementes, ou seus óleos, que também têm efeito anti-inflamatório.

A vitamina C tem efeito neutralizante em qualquer placa de ateroma (o nome dado pelos médicos aos depósitos que se formam nas artérias), deixando o sangue correr sem percalços e mantendo as artérias limpas e saudáveis. A vitamina C é hidrossolúvel, e precisamos consumir diariamente alimentos ricos nesse nutriente que não conseguimos armazenar no corpo. Frutas vermelhas, pimentão, tomate, batata-doce e abóbora são excelentes fontes de vitamina C. Ela funciona junto com a vitamina E, outra poderosa vitamina antioxidante, encontrada sobretudo no abacate, em pinhões, amêndoas, sementes de girassol e azeitonas. Assim, para maximizar as ações da vitamina C, coma também alimentos ricos em vitamina E.

A dieta mediterrânea por muito tempo foi considerada a mais saudável para o coração, e isso se explica pelo amplo uso de oleaginosas, azeite, frutas e legumes frescos e coloridos. Esse tipo de dieta se equipara à abordagem alcalina.

Risco de diabetes?

O diabetes do tipo 2 (também conhecido como diabetes tardio, causado por escolhas alimentares pobres e obesidade) é um dos problemas de saúde que mais cresce no Ocidente; isso não surpreende se olharmos quantas pessoas consomem alimentos altamente processados e seguem dietas baseadas em carboidratos simples. Acreditamos que nossa forma alcalina de comer, calcada na combinação de carboidratos complexos, proteína vegetal e ácidos graxos essenciais, é a única maneira realmente efetiva de prevenir a probabilidade de desenvolvimento desse grave problema.

Os alimentos ricos em cromo otimizam a produção de insulina (o hormônio que permite que a glicose entre nas células do corpo; veja também a p. 29), garantem níveis equilibrados de glicose no sangue e regulam os níveis de energia durante o dia. Entre os alimentos ricos em cromo, alguns são alcalinos e outros formadores de ácidos, e você deve se assegurar de que come alimentos das duas fontes desse micronutriente essencial para regular o açúcar no sangue. Ovos orgânicos, brócolis, batata-doce, maçã, tomate e grãos integrais, como o centeio, a cevada, o arroz integral ou o painço, contêm algumas das mais ricas fontes de cromo.

O EQUILÍBRIO EM PAUTA

Há muitos livros e artigos publicados em revistas e jornais sobre a importância de equilibrar os níveis de glicose no sangue, mas o que significa mesmo isso? Na página anterior, informamos como melhorar as chances de evitar o diabetes do tipo 2 por meio do consumo de alimentos ricos em cromo, que favorecem a produção de insulina. Porém, para entender como equilibrar melhor os níveis de glicose no sangue, vamos voltar ao básico e ver como a insulina funciona.

Como funciona a insulina

Como mencionamos anteriormente, seu corpo gosta de receber boa quantidade de carboidratos (sua fonte preferida de combustível), que podem ser quebrados em açúcares básicos (glicose), prontos para serem transportados no sangue para o corpo todo. Mas como esse açúcar passa do fluxo sanguíneo às células que requerem energia? A resposta é: com a ajuda de um parceiro vital – o hormônio chamado insulina.

A insulina é produzida pelo pâncreas, um órgão delgado, em forma de folha, que fica embaixo do estômago e se encontra atrás da caixa torácica esquerda. A insulina é importante para liberar o acesso e levar nutrientes essenciais às células do corpo – imagine que seja uma chave que abre a porta para que a glicose forneça energia a todas as células, mantendo o corpo energizado e pronto para qualquer coisa. Se a glicose permanecer no fluxo sanguíneo, as células não têm acesso a essa fonte potencial de energia, e o corpo e o cérebro logo vão se sentir cansados e incapazes de funcionar de forma adequada.

O pâncreas dosa cuidadosamente a produção de insulina para refletir o nível de glicose no sangue. É essencial que esse nível não suba rápido demais, o que poderia propiciar um estado de diabetes, e a insulina tem como papel fazer essa regulação a todo momento. Ao ingerir carboidratos refinados, edulcorantes e comidas processadas em excesso, esse delicado equilíbrio no fluxo sanguíneo é prejudicado, e o pâncreas passa a trabalhar ainda mais para regular o nível de glicose no sangue. Quando isso se repete todo dia, o pâncreas não consegue atender a demanda da produção de insulina, o que provoca uma "resistência à insulina" ou síndrome X, como hoje é conhecida, na qual a glicose permanece no fluxo sanguíneo sem conseguir acessar as células do corpo. O delicado trabalho de equilíbrio do pâncreas pode ser desregulado por outros fatores, como o estresse, a presença de toxinas no intestino ou no fluxo sanguíneo e o consumo regular de alimentos processados ou de bebidas cafeinadas para se "manter aceso" ao sentir fadiga ou exaustão (e não é de surpreender).

Os mecanismos naturais de adaptação do corpo vão se desligar somente quando o pâncreas não responder mais à velocidade exigida pelas demandas, resultando em sua incapacidade de funcionar – essa situação é conhecida como o estado diabético, e pode ser terrível para quem sofrer dela. Também pode representar uma ameaça à vida.

A montanha-russa da glicose no sangue – não se aventure nela

A flutuação dos níveis de glicose no sangue ocorre naturalmente o dia todo, já que os alimentos ingeridos são quebrados em glicose e transportados para onde é preciso (cérebro, músculos, coração, pulmões etc.). Contudo, se comermos regularmente durante o dia, sem pular refeições, essa flutuação será insignificante. Nossas receitas de lanches liberam lentamente o açúcar, ajudando a estabilizá-lo no sangue o dia todo, ao contrário dos alimentos ricos em açúcares, que fazem com que a taxa de glicose dispare rapidamente, para despencar logo em seguida. Lanchar não é ruim. Se não comer durante horas a fio, você vai notar que sua concentração e seu foco diminuem, e que acaba sentindo irritação e fadiga. Sempre recorremos à analogia de uma locomotiva a vapor – se não houver fogo suficiente, o trem vai andar mais devagar, até parar!

Os princípios do equilíbrio

Muitas pessoas vivem de alimentos pré-condicionados e processados, contendo açúcares e conservantes que interferem diretamente na produção de insulina. Pense na dieta ocidental comum - cereais comercializados, sanduíches de pão branco e pratos de massa econômicos e fáceis de preparar em casa. Mas é preciso se perguntar - que energia esse tipo de alimento fornece? Embora alguns achem que suprem as necessidades ou até satisfazem, será que eles realmente oferecem os nutrientes requeridos para produzir energia nas células? Logicamente, a resposta é "não", já que se acaba querendo mais, em doses cada vez maiores, ao longo do dia. A dieta à base de croissants ou rosquinhas no café da manhã, sanduíches no almoço, bolachas ou bolos à tarde, ou massa no jantar só ajuda a aumentar a cintura, em vez de nutrir o corpo e a mente. Isso não é comer; é apenas "rechear" ou "preencher", e é um dos caminhos mais rápidos para o desenvolvimento de diabetes do tipo 2. A combinação repetida de açúcares e grãos altamente processados (em geral de trigo) eleva o nível de glicose no sangue, exigindo resposta imediata do pâncreas para produzir insulina, o que pode causar diabetes do tipo 2.

A melhor maneira de auxiliar o equilíbrio do pâncreas em três passos:

1 consumir proteínas (vegetarianas ou animais) a cada refeição;

2 comer de forma regular;

3 evitar açúcares sintéticos ou processados, que interrompem a produção de insulina.

A maneira ideal de nutrir os geradores de energia, equilibrar o nível de glicose no sangue e despertar demandas apropriadas de produção de insulina é a seguinte:

- Garanta que cada refeição, ou lanche, contenha uma fonte de carboidrato complexo, como aveia, centeio, arroz integral ou quinoa para fornecer uma forma de liberação lenta de energia.
- Acrescente alguma proteína, como leguminosas, oleaginosas, sementes ou produtos orgânicos à base de soja, como o tofu ou o tempeh.
- Combine uma seleção de vegetais frescos ou frutas para fornecer uma excelente fonte de fibras e antioxidantes.
- Termine por uma fonte de ácidos graxos essenciais, como o azeite, o óleo de girassol em um molho (p. 82) ou polvilhando com sementes tostadas uma salada ou sopa.

A combinação de carboidratos complexos com proteínas é a melhor associação de alimentos, já que as proteínas demoram mais tempo que os grãos para serem digeridas, garantindo que a energia delas derivada seja liberada mais lentamente - estabilizando o nível de glicose no sangue por mais tempo. Como, por exemplo, nas lentilhas de puy, ingrediente da Salada de arroz integral e batata-doce (p. 70): as lentilhas fornecem proteína, enquanto o arroz proporciona carboidratos complexos. Essa combinação promove a saciedade e a satisfação.

Acrescente o molho
Verduras ricas em antioxidantes
Brotos de leguminosas ricos em proteína
Legumes frescos repletos de fibra
Carboidratos complexos

Coma com mais frequência

Comer de forma regular é o segundo fator mais importante para equilibrar o nível de glicose no sangue – muitas pessoas pulam refeições durante o dia, "reservando-se" para o jantar. Embora se possa pensar que é uma maneira esperta de controlar o peso, de fato é exatamente o contrário! Quando o nível de glicose no sangue cai pelo fato de você não ter comido nada, a produção de insulina fica subutilizada e o corpo responde diminuindo a taxa metabólica, acreditando estar em estado de inanição. É muito melhor comer pelo menos a cada três horas, com três refeições principais por dia e dois lanches no meio para garantir o humor, a energia e o foco (veja também pp. 44-5).

A noção segundo a qual comer apenas uma ou duas vezes por dia é suficiente só confunde o corpo quanto à fonte de sua energia, e ele vai acabar dependendo da sua própria massa corporal como fonte de combustível. Essa abordagem pode funcionar para quem procura perder peso, mas vai prejudicar a concentração e o humor no processo.

ADOÇANTES MAIS INTELIGENTES

Descubra uma gama de açúcares alternativos usados em nossas receitas, como os listados abaixo.

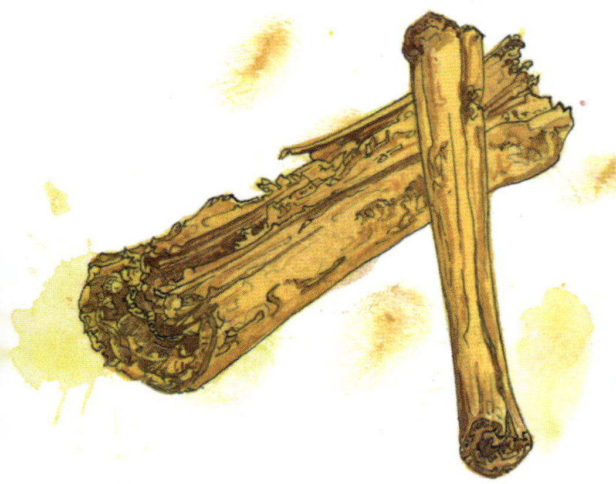

Canela A casca da canela já foi altamente valorizada no comércio do Caribe. Como adoçante natural, ela ajuda a regular o nível de glicose no sangue, auxiliando a produção de insulina. Também tem propriedades anti-inflamatórias, que acalmam o intestino inflamado e evitam inchaços. A canela é um adoçante perfeito para assar e cozinhar, seja na forma original de pau, seja em pó fino.

Noz-moscada Essa noz, fruto da moscadeira, originária de várias ilhas da Indonésia, tem aroma quente e picante. Também foi muito valorizada no passado e era comercializada no mundo todo. A noz-moscada é conhecida por suas propriedades antifúngicas e digestivas e por ser uma rica fonte de cobre, cálcio, magnésio e potássio. Embora não tão doce quanto a canela, seu sabor doce e picante se harmoniza com legumes da família *Brassica* (como o repolho ou a acelga-chinesa) e com bolos, bolachas e pães caseiros. A noz, conservada inteira, deve ser ralada a cada uso.

Baunilha As favas de baunilha provêm de uma orquídea trepadeira e devem ser secadas ao sol. A polinização das flores de baunilha e a sua secagem são feitas manualmente, e esse processo manual intensivo explica o alto preço do ingrediente. Ela cresce principalmente em Madagascar, no México e no Taiti. Se quiser comprar favas ou extrato de baunilha, sempre escolha a melhor origem para temperar seus preparos com o sabor doce e suave desse maravilhoso e perfumado ingrediente.

Açúcar de palma Esse adoçante natural é tão doce quanto o açúcar, porém mais nutritivo. É feito com o néctar ou a seiva dos coqueiros. Embora seja muito doce, apresenta baixo índice glicêmico e se harmoniza perfeitamente com o açúcar do sangue. Para não se viciar em seu sabor muito doce, recomendamos que o use sempre em pequenas quantidades. No que diz respeito às fontes de produção desse adoçante, procure versões orgânicas, não filtradas e não processadas; verifique que se trata mesmo de açúcar puro de palma.

Pasta de ameixa umeboshi Condimento doce muito usado na culinária japonesa, traz vários benefícios à saúde. É feito a partir da ameixa ume conservada no sal, transformada em pasta por um processo de redução e fermentação. Muitas versões baratas são processadas e usam corantes; procure uma versão japonesa de boa qualidade. Embora tenha sabor ácido, é altamente alcalina para o corpo; os japoneses costumam começar o dia, ou a refeição, com duas ameixas umeboshi, ou a misturam a um arroz macio, por ajudar a tratar doenças e a recuperar o apetite.

Melaço de romã Esse xarope espesso e escuro é basicamente uma forma concentrada de suco de romã. É doce, mas também ácido e frutado, e pode ser usado no lugar do vinagre ou do suco de limão, e como adoçante. Deve ser empregado com parcimônia, já que contém muitos açúcares (glicose e frutose, entre outros).

Mel de manuka Esse mel é produzido somente na Nova Zelândia, onde as abelhas se alimentam nos bosques da manuka, uma árvore nativa de lá. É conhecido por suas propriedades imunológicas – desde a cicatrização até a prevenção de vírus –, mas procure o original, já que hoje existem muitas imitações no mercado. Use com parcimônia, já que é rico em glicose e pode afetar o nível dessa substância no sangue.

Para quem quiser melhorar o humor, a energia e o foco, comer três refeições principais por dia, com um ou dois lanches no meio, é a melhor forma de manter o nível de glicose no sangue.

Açúcares e adoçantes

Há um excesso de informações relativas a açúcares alternativos, e podemos garantir que qualquer sabor adocicado usado em nossas receitas vem das fontes mais puras possíveis. Para falar claramente, o açúcar refinado, em todas as suas formas, seja ele branco, demerara ou mascavo, não faz bem à saúde! Enquanto o açúcar da cana (fonte de todos os açúcares refinados) é uma fonte natural, o produto final é altamente processado, sendo todas as fibras removidas, causando estragos em seu nível de glicose no sangue, em sua taxa de colesterol e na sua cintura. Em resumo: não use açúcar.

Contudo, a doçura é um sabor que muitos apreciam e é um dos cinco sabores que fornecem equilíbrio. Assim, é bom saber que existem outras opções, mais saudáveis (abaixo).

Maple syrup (xarope de bordo)
Esse xarope de fato é a seiva do bordo – talha-se a casca da árvore, e a seiva (ou xarope) é coletada ao gotejar. Os ameríndios já usavam o xarope como remédio e na comida. É fonte incrível de zinco e pode ajudar a regular o nível de colesterol, algo que os outros açúcares não fazem. O zinco também é vital para o sistema imunológico, e um xarope de bordo de boa qualidade deve ser preferido a qualquer outra fonte de adoçante. Todos os xaropes de bordo seguem um sistema de classificação; recomendamos que procure o melhor; pode ser mais caro, mas o sabor é mais sutil e o produto, menos processado.

Xarope de tâmara A tamareira existe há milênios, e as frutas são usadas desde a Antiguidade. Esse xarope natural é uma forma superconcentrada de tâmaras; é uma mistura de glicose e frutose, e boa fonte de vitamina C e vitaminas B_1 e B_2. Procure um xarope orgânico, que não tenha sido processado demais – as lojas árabes ou iranianas costumam vender os melhores.

Xarope de arroz integral Derivado do arroz integral moído, com 43% de maltose e 3% de frutose, esse adoçante natural tem baixo índice glicêmico (de apenas 26). Escolha uma versão orgânica.

Xarope de yacon Esse xarope marrom-escuro é derivado do tubérculo do yacon, planta encontrada nas regiões andinas da América do Sul; o líquido original é evaporado para fazer esse xarope espesso. Como outros adoçantes naturais, o xarope de yacon tem baixo índice glicêmico e não provoca flutuação do nível de glicose no sangue, ao contrário dos açúcares refinados.

Xarope de agave Também conhecido como néctar de agave, o xarope é derivado do agave-azul e é mais doce que o açúcar refinado. Escolha o agave orgânico cru (e não o mais barato, em geral processado) e use em pequenas quantidades. Como o xarope de yacon e o xilitol, tem baixo índice glicêmico, de 39 (qualquer índice abaixo de 55 é considerado baixo), e afeta o equilíbrio de glicose no sangue menos do que qualquer açúcar refinado de cana.

Xilitol Extraído de árvores de madeira de lei e das fibras de algumas frutas e legumes, o xilitol é um produto sucroalcooleiro que contém muito menos calorias que o açúcar de cana processado e que, como o açúcar de palma (p. 32), tem baixo índice glicêmico e não altera o nível de glicose do sangue. Porém, ele apresenta um leve amargor que pode desagradar. Usado como substituto do açúcar, o xilitol pode deixar os doces assados um tanto quebradiços.

Compare os ingredientes

Escolha os bons carboidratos

Frequentemente vistos como "inimigos" por quem pretende perder peso, os carboidratos como um todo são os mais importantes alimentos produtores de energia. Os carboidratos complexos são os grãos integrais (como o trigo-sarraceno, a aveia, o centeio, o painço e o teff) e todas as frutas, verduras e legumes.

Os carboidratos simples, por outro lado, são os grãos que foram descascados, lavados, branqueados e processados para produzir a farinha fina e branca encontrada em bolos, bolachas e pães. Embora de sabor gostoso, eles de fato perderam grande parte de suas qualidades nutritivas. Assim, o "sabor" foi artificialmente criado pelo uso de inúmeros aditivos e edulcorantes.

Nossas receitas usam apenas grãos integrais, que são bem mais saborosos e fornecem ao corpo os nutrientes de que ele precisa. Então, faça uma mudança inteligente para que os carboidratos complexos integrem as suas refeições diárias – seu corpo e sua mente vão lhe agradecer.

A VERDADE SOBRE O GLÚTEN

A maioria dos cereais, pães, bolachas e bolos comercialmente produzidos deriva de farinha de trigo processada, que tem alto teor de glúten. Glúten é a palavra latina para "cola", e não é de surpreender que esse ingrediente possa prejudicar o trato intestinal de certas pessoas. Funciona como um papel de parede ao ser misturado com os sucos digestivos e as enzimas no intestino, impedindo a absorção de vitaminas e minerais essenciais. Nos casos mais graves, quem tem alergia ao glúten pode desenvolver uma doença celíaca ou reações inflamatórias no intestino.

Contudo, o glúten não se encontra só no trigo; também aparece no centeio, na cevada e na aveia, embora em quantidades menores. Além do mais, esses grãos raramente são tão processados quanto o trigo, de modo que podem ser mais tolerados pelas pessoas. Felizmente, hoje quem tem alergia pode encontrar aveia sem glúten. Em geral, o teor de glúten encontrado no centeio ou na cevada é raramente prejudicial, e esses grãos são excelentes substitutos do trigo para fazer pães e bolos. Em caso de intolerância ao glúten, consulte um médico antes de consumir esses ingredientes.

Conheça suas proteínas

A palavra "proteína" vem do termo grego *protos*, que significa "primeira coisa". Por sua vez, as proteínas são feitas a partir dos blocos de construção de aminoácidos, alguns fabricados pelo nosso corpo (chamados de aminoácidos não essenciais) e outros não (aminoácidos essenciais, p. 35). É interessante notar que 75% das partes sólidas do nosso corpo são constituídas a partir de proteínas, que formam os blocos de construção e o material de reparo. Se você não comer proteínas suficientes, seu corpo literalmente quebra mais rapidamente do que está sendo reconstruído – situação conhecida como catabolismo e encontrada principalmente em casos de inanição.

Todas as proteínas animais são consideradas "proteínas completas", porque contêm os oito aminoácidos essenciais dos quais o corpo precisa para ser reconstruído e reparado. Na dieta vegetariana, é a combinação de leguminosas e grãos que traz os oitos aminoácidos essenciais, sendo a soja a única fonte vegetariana completa de proteínas. [Contudo, fazemos aqui um alerta porque grande parte dos produtos de soja encontrados hoje deriva de grãos de soja geneticamente modificados, e acreditamos que o consumo de produtos de soja deva ser restringido a uma ou duas vezes por semana. E é preciso tentar achar derivados de soja orgânicos, como o tofu, o tempeh e o tamari (molho de soja sem trigo).]

Para os não veganos, é possível obter os aminoácidos essenciais do leite e queijo de cabra ou ovelha e dos ovos de todas as aves (galinha, pata,

QUAIS SÃO OS AMINOÁCIDOS ESSENCIAIS?

Como já mencionamos, existem oito aminoácidos essenciais que nosso corpo não pode produzir e precisamos obter em nossa dieta alimentar. Veja o quadro abaixo para garantir a obtenção desses complementos.

AMINOÁCIDO	ESSENCIAL PARA	ACHADO EM
FENILALANINA	criar insulina e ajudar a regular o nível de glicose no sangue; a estrutura do colágeno e a elastina da pele	ovos, produtos de soja orgânicos e produtos à base de algas
TRIPTOFANO	manter a função e a clareza mental por meio da conversão em serotonina; ajudar o sono; a produção de serotonina; regular e melhorar o humor	ovos, oleaginosas, bananas e produtos à base de algas
LISINA	a absorção de cálcio de outros alimentos; a integridade da pele; a produção de energia nos músculos ao nível das células (junto com a metionina)	ovos, feijão--da-china, grão--de-bico, avelã e produtos à base de algas
METIONINA	ajudar o sistema imunológico na prevenção de alergias; a produção de serotonina para regular o humor e poder relaxar	sementes de girassol, abacate e produtos à base de algas
LEUCINA, ISOLEUCINA E VALINA	curar feridas; a reconstrução e o reparo de músculos	todas as oleaginosas e sementes e produtos à base de algas
TREONINA	ajudar o sistema imunológico; reduzir/controlar inflamações, tais como eczema, artrite e síndrome do intestino irritável; a produção de colágeno e de elastina para ajudar a integridade de pele	gérmen de trigo, gérmen de aveia, ricota e produtos à base de algas

codorna – estes, cozidos, são um bom lanche, fácil de carregar).

Para os veganos, uma dieta complementar à base de oleaginosas, sementes e leguminosas é essencial, junto com fontes orgânicas de produtos de soja, como o tempeh e o tofu (Espeto de tofu temperado, p. 186, e Espaguete à bolonhesa de Sienna, p. 135). Além disso, produtos à base de algas fornecem a mais ampla gama de aminoácidos essenciais (acima).

A falta de proteínas na dieta, por fim, compromete todas as funções do corpo e do cérebro e está em geral na origem da depressão. Repare quantas receitas oferecem uma combinação de proteínas e carboidratos complexos para garantir que a dieta alcalina forneça todos os aminoácidos essenciais.

Opte por gorduras saudáveis

Já falamos do papel dos ácidos graxos essenciais (p. 25) e explicamos que precisamos dessas gorduras para otimizar a função cerebral, quebrar a gordura armazenada e garantir que nossas artérias não fiquem entupidas por gorduras saturadas (encontradas em laticínios, carne vermelha e aves).

Menos sabido é o fato de que todos os hormônios são criados a partir de ácidos graxos essenciais (como a insulina, p. 29), e cada célula do corpo requer essas gorduras em sua camada externa protetora. Observa-se que, nas pessoas que seguem dietas com baixo índice de gordura ou sem gordura, a pele fica enrugada e fina, perdendo sua elasticidade (em geral, muito cedo), porque as células da pele são privadas desses nutrientes essenciais. Na prática nutricional, examinamos a pele, que revela se os ácidos graxos essenciais estão equilibrados.

Além do mais, essas gorduras são essenciais para se ter um coração e uma circulação saudáveis, já que garantem a integridade das paredes arteriais e ajudam a reduzir os danos causados pela ingestão de gorduras saturadas e trans.

Quem come peixe pode consumir os ácidos graxos essenciais ômega-3 na forma de óleo de peixe. Os vegetarianos, por sua vez, encontram as gorduras ômega-3 em sementes e oleaginosas (e seus óleos). As melhores fontes de ácido graxo ômega-3 são as sementes de chia, a quinoa e as sementes de gergelim – que podem ser moídas, cozidas em baixa temperatura ou transformadas em manteiga de sementes, como o tahine. Ademais, as gorduras ômega-3 são anti-inflamatórias e hidratam a pele.

Os ácidos graxos essenciais ômega-6 e 9 também são encontrados nos mesmos alimentos que os ácidos graxos ômega-3, contribuindo para a produção de hormônios e a condução de neurotransmissores do cérebro ao corpo. Ingerir esses alimentos regularmente contribui, ainda, para o bom funcionamento do sistema digestório. Deixar as oleaginosas e sementes na água por algumas horas antes de comê-las ou de utilizá-las em receitas faz com que se tornem mais digestivas para quem sofre de indigestão.

As gorduras saturadas, encontradas em produtos animais, como os laticínios (creme, sorvete, leite e queijos), travam o papel das gorduras essenciais – quem come muita carne vermelha, fritura e lanches fritos tem pele mais vincada e aparentemente estragada, com pouca proteção contra o sol e outros fatores climáticos. Além do mais, o consumo de carne processada interfere gravemente na absorção de gorduras essenciais, tendo dupla ação negativa no corpo. Você precisa de mais motivos para cortar (ou reduzir) o consumo de produtos de origem animal?

Os micronutrientes mais importantes

Saber é poder, e achamos importante que você saiba por que está ingerindo certos alimentos em vez de apenas comer o que preconizamos como saudável. Todo mundo sabe que os legumes nos fazem bem, mas cada um deles tem um papel específico no corpo e no cérebro, para ajudar a imunidade, reparar danos ou nos proteger de danos externos. Vale o mesmo para os grãos, leguminosas e verduras indicados neste livro. Para quem quiser saber um pouco mais, sugerimos que examine a tabela das próximas páginas para ver como esses alimentos beneficiam os órgãos e sistemas do corpo.

Embora alguns dos alimentos não agradem a todos, é importante saber por que em geral se recomenda uma dieta variada. Muitas pessoas ingerem os mesmos alimentos dia sim, dia não, o que resulta em deficiências óbvias. Tente experimentar novos legumes sazonais que chegam à feira, e adicione um ou dois tipos de grãos que não comia antes. Aumente seu repertório de leguminosas, que lhe fornecem uma ampla gama de aminoácidos para reconstruir, reparar, curar e melhorar o metabolismo.

As verduras também contêm quase todas as vitaminas e minerais dos quadros das pp. 38-9 e deveriam fazer regularmente parte da sua dieta. É por isso que as incluímos em tudo, desde smoothies até risotos e lanches. Lembre-se de que essa categoria também inclui folhas de salada como a rúcula e o agrião, e a salsa e o coentro, que, ao entrarem facilmente em qualquer refeição, trazem um adicional nutritivo completo.

Procure as novidades

Tash e eu acreditamos firmemente que uma cozinha feliz é aquela que sempre procura novos ingredientes para manter o paladar aceso e o corpo bem nutrido. Veja abaixo alguns dos nossos mais recentes favoritos.

Kuzu

Esse antigo amido oriental vem da raiz do kuzu, ou araruta-japonesa. É um espessante natural, que pode ser usado em bolos, cremes e sobremesas (pp. 107 e 136, por exemplo). É nutricionalmente rico, sendo colhido quando a planta está cheia de seiva; tem poucas calorias e não interfere no equilíbrio do açúcar no sangue.

Sementes de chia

A semente de chia é cultivada como um grão e originária do México e da Guatemala, onde os astecas a usavam por ser uma fonte rica em propriedades produtoras de energia. Hoje sabemos que a chia tem mais ácidos graxos essenciais ômega-3 que qualquer outra semente e pode absorver até quinze vezes seu próprio peso em fluidos, sendo uma fonte maravilhosa de fibra dietética. Desse modo, ela ajuda a baixar o nível de colesterol e a equilibrar o nível de glicose no sangue. Na água, forma uma gelatina e é menos abrasiva no processo de digestão, de maneira que quem sofre inflamações digestivas, como a doença de Crohn, pode tolerá-la e até tirar proveito dela.

A chia também é uma rica fonte de minerais, magnésio e fósforo, essenciais para fortificar ossos e dentes. Também contém triptofano, um aminoácido que está na base da produção de serotonina, o "hormônio da felicidade" do corpo. O triptofano acalma e melhora o sono.

Além do mais, a chia é saudável para as crianças – usada como gelatina ou dentro de smoothies –, embora tenha que ficar de demolha por algumas horas para que as sementes inchem e, assim, se evite que esse processo aconteça no intestino. As sementes podem ser moídas em farinha fina, que fica quase gelatinosa quando demolhada, sendo uma excelente alternativa vegetariana para gelatinas, musses e pudins.

Que alimentos suprem minhas necessidades de...?

MINERAL	REQUERIDO PARA	ENCONTRADO EM	SINAIS DE DEFICIÊNCIA
Cálcio	fortalecer ossos e dentes, cabelo e unhas (junto com vitaminas D, C e ferro); a saúde cardiovascular; combater a contratura muscular; fortalecer o sistema nervoso	amêndoa e outras oleaginosas, produtos de soja orgânicos (como o o tofu), repolho, acelga, couve, acelga-chinesa, aspargo, brócolis, alcachofra, laticínios, peixes ósseos (sardinha, arenque etc.), figo e sementes de gergelim	cãibras musculares; dores nos ossos e músculos; problemas dentários ou mau alinhamento dentário
Magnésio	relaxar os músculos; os sistemas nervoso e cardiovascular; controlar o estresse (glândulas suprarrenais); regular o metabolismo (tireoide); levar o cálcio aos ossos; relaxar e auxiliar o sono; ajudar na clareza mental	frutas cítricas, todos as verduras (como couve, acelga, espinafre, salsa, repolho, acelga-chinesa e agrião), cenoura, tomate, cebola, alho, milho, amêndoa, noz, noz-pecã, avelã e castanha-de-caju	cãibras musculares e torções; pernas cansadas; agitação; insônia; falta de concentração; irritabilidade; palpitações
Potássio	equilibrar o sódio para a hidratação de todos os fluidos do corpo; regular o metabolismo celular para aumentar a energia	avelã, amêndoa, lentilha, sementes de gergelim, agrião, verduras da família *Brassica*, espinafre, aspargo, kiwi, figo e banana	formigamentos nas mãos e nos pés; sede frequente; celulite; constipação; palpitações; pressão sanguínea baixa ou alta
Sódio	a transmissão dos impulsos nervosos; contrações musculares; levar os nutrientes para dentro das células do corpo; equilibrar o potássio	virtualmente todos os alimentos – é natural em todas as frutas, verduras e legumes, mais baixo em oleaginosas e sementes, mais alto nos queijos	embora raro, cãibras musculares (especialmente após exercícios); fadiga; confusão e enxaqueca; náuseas; desidratação em climas quentes
Iodo	a tireoide, na produção de tiroxina, hormônio que estimula e regula o metabolismo	todas as algas (nori, wakame, kelp), algas verde-azuladas, frutos do mar e alho	aumento repentino de peso; fadiga; incapacidade de perder peso; choro; constipação; imunidade baixa; mãos e pés frios; resfriados e infecções
Selênio	ajuda o sistema imunológico e a produção de células de defesa para evitar cânceres; proteger o coração e o sistema cardiovascular; ajuda a desintoxicação do fígado	castanha-do-pará, semente de girassol, semente de gergelim, semente de abóbora, cebola, lentilha, grão-de-bico, feijão-fradinho e feijão-manteiga	infecções frequentes; cicatrização lenta; fadiga crônica; sinais de envelhecimento precoce (cabelo grisalho, pele enrugada)
Cromo	a produção de insulina; regular o açúcar no sangue e o colesterol no fígado; a proteção do sistema cardiovascular	gema, todas as oleaginosas e sementes, cevada, trigo-sarraceno, teff, painço, centeio, lentilha e brócolis	irritabilidade; vontade de açúcar; mudanças de humor; tontura; tensão pré-menstrual; energia baixa; sede frequente
Ferro	a formação das hemácias, em particular das hemoglobinas; transportar o oxigênio ao cérebro e aos músculos; imunidade; crescimento e desenvolvimento do corpo	todas as verduras verde-escuras (especialmente agrião, salsa, couve, brócolis e espinafre), uva-passa, ameixa, figo, tâmara, arroz integral e gema	fadiga; anemia; fraqueza muscular; diarreia; tontura; depressão; aumento das infecções
Manganês	o controle do nível de glicose no sangue e do metabolismo; saúde óssea e reconstrução da pele e dos tecidos internos; produção de hormônio; a proteção contra danos dos radicais livres	sementes de abóbora, de gergelim, de linhaça, de girassol, arroz integral, aveia, lentilha, centeio, trigo-sarraceno, avelã, quinoa, noz-pecã, noz e macadâmia	irritabilidade; tontura; dores nas articulações; fadiga; fertilidade baixa nas mulheres
Cobre	a formação de hemácias e glóbulos brancos no sangue; o metabolismo da glicose em energia (tireoide); a função cerebral e a formação de colágeno	sementes de girassol e de gergelim, castanha-de-caju, leite de coco, abacate, aspargo, alho, castanha-portuguesa, cogumelo, feijão e farelo de aveia	anemia; colesterol alto; perda de cabelo; imunidade baixa; depressão
Zinco	fortalecer a imunidade; digerir as proteínas de forma eficiente; produzir insulina; regular o metabolismo; manter a epiderme; curar feridas; formar novas células e enzimas; a formação de esperma	castanha-de-caju, sementes de abóbora, lentilha, arroz integral, grão-de-bico, trigo-sarraceno, quinoa, tofu	estrias; cicatrização lenta; infecções virais e bacterianas frequentes; manchas brancas nas unhas; fertilidade baixa
Enxofre	o processo de desintoxicação do corpo; a proteção do sistema cardiovascular; atividade antiparasitária; baixar o colesterol; produção de energia celular; produção de cartilagem	cebola, alho, repolho, ervilha, feijão, couve-de-bruxelas	pele seca; perda de elasticidade da pele; cabelo mais fino; unhas quebradiças; dor nas costas, artrite; aumento do colesterol; eczema

VITAMINA	REQUERIDA PARA	ENCONTRADA EM	SINAIS DE DEFICIÊNCIA
Vitamina A (e betacaroteno encontrado em frutas, verduras e legumes)	fortalecer o sistema imunológico; melhorar o crescimento e a reconstrução óssea; a saúde da pele, dos dentes e dos olhos	gema de ovo, laticínios, abóbora, pimentão vermelho e amarelo, tomate, damasco, pêssego, manga e mamão	pele seca e unhas frágeis; acne; perda de olfato e de apetite; úlceras bucais; problemas nos seios nasais; visão noturna reduzida; cicatricação lenta
Vitamina D	a absorção do cálcio pelos ossos e a regulação do fosfato; fortalecer os ossos; a saúde dental; regular a temperatura corporal; manter a imunidade	laticínios e gema de ovo, além de ser sintetizada no corpo em presença da luz do sol	dentes desalinhados; dores ósseas e musculares; músculos fracos
Vitamina E	a saúde e a elasticidade da pele; o sistema imunológico; a saúde cardiovascular; a redução de feridas e rugas	todas as oleaginosas e sementes, óleos vegetais, ovos, abacate, aveia, centeio, arroz integral e painço	pele seca e descamada; cura lenta de feridas; eczema; falta de fôlego e palpitações; anemia; fadiga
Vitamina K	a eficácia da vitamina D na construção e reparação óssea; fatores de coagulação sanguínea; prevenção de sangramentos menstruais abundantes	iogurte natural e laticínios, gema, todas as verduras (como couve, acelga, espinafre e repolho), óleo de sementes de abóbora, óleo de sementes de girassol	hematomas frequentes; menstruações abundantes; osteoporose
Tiamina – vitamina B_1	a digestão de carboidratos; a produção de energia; a saúde cardiovascular; ajudar o sistema nervoso; a clareza mental e a memória	ovos, grãos integrais como centeio, painço, trigo-sarraceno, aveia e quinoa, ervilha e leguminosas	depressão; memória e concentração fracas; letargia e fadiga; enxaquecas; dores e sensibilidade aos ruídos; indigestão
Riboflavina – vitamina B_2	a digestão e o metabolismo de todas as proteínas, gorduras e carboidratos; saúde da pele, do cabelo e das unhas; o controle do estresse	laticínios, iogurtes orgânicos, arroz integral, couve, repolho, agrião e espinafre	problemas digestivos; diarreia; constipação; tontura; insônia; pouca concentração; lábios rachados; olhos lacrimejantes; pele descamada em torno do nariz, das orelhas e da boca
Niacina – vitamina B_3	a produção de hormônio sexual; tiroxina para regular o metabolismo; insulina para regular o nível de glicose no sangue e energia; manter o sistema digestório saudável; regular o humor; sistema nervoso saudável	arroz integral, painço, aveia, trigo-sarraceno, quinoa, gema, laticínios e verduras verde-escuras	queda no interesse e desempenho sexuais e na fertilidade; irritabilidade e fadiga; falta de motivação e concentração; insônia; tontura e problemas de glicose no sangue; vontade de comer doces
Ácido pantotênico – vitamina B_5	ajudar as glândulas suprarrenais no controle do estresse; o metabolismo de gorduras e carboidratos; sistemas nervoso e imunológico saudáveis; proteção das orelhas, nariz e garganta	gema de ovo, trigo, centeio, cevada, painço, verduras, brócolis e batata	pressão sanguínea baixa; insônia; depressão; fadiga das suprarrenais; bruxismo; infecções pulmonares; constipação intestinal
Piridoxina – vitamina B_6	regular o humor; a concentração; o crescimento, cura e reparo; digestão e metabolismo das proteínas em energia; formação da hemoglobina	grãos integrais, laticínios, ovos, verduras (como acelga, couve, repolho, acelga-chinesa, agrião e salsa)	anemia; erupções cutâneas; lábios ou cantos da boca rachados; língua inchada; depressão; confusão; sistema imunológico baixo
Cobalamina – vitamina B_{12}	a produção de hemácias; a saúde cardiovascular; o crescimento, reparo e cura; sistema nervoso saudável; a concentração; a liberação de energia	ovos, laticínios e microalgas, como a espirulina e a clorela	anemia; fadiga; inquietação; alterações de humor; concentração fraca; confusão; depressão; problemas cardíacos
Ácido fólico	aumentar anticorpos para a imunidade; a digestão e metabolismo de proteínas e carboidratos; a prevenção da anemia; promover a saúde cardiovascular; (junto com a vitamina B_{12}) produzir a hemoglobina	cenoura, damasco, abacate, abóbora, centeio, trigo-sarraceno, painço, gema; verduras (como couve ou espinafre), couve-de-bruxelas, repolho, brócolis, ervilha, feijão, arroz integral, pimenta	anemia; falta de fôlego; fadiga; sensação de fraqueza
Biotina	pele, unhas e cabelo saudáveis; a digestão de proteínas e gorduras para metabolizá-las em energia	arroz integral, oleaginosas, gema, acelga, cenoura, amêndoas, nozes, morango, amora, pepino e couve-flor	perda excessiva de cabelo; eczema; psoríase; pele escamosa; cãibras musculares; fadiga
Vitamina C	todas as imunidades; saúde cardiovascular; desenvolvimento de hormônios sexuais; controlar o estresse (suprarrenais); cura de ferimentos; manutenção dos tecidos conjuntivos; proteção contra vírus e bactérias	todas as frutas cítricas, kiwi, melancia, frutas vermelhas, couve-de-bruxelas, amora, abóbora, pimentão, repolho, brócolis, couve-flor, batata e espinafre	infecções frequentes; cicatrização lenta; problemas cutâneos; fadiga; depressão; contusões frequentes; sangramento gengival; varizes

DO UPGRADE À PRIMEIRA CLASSE

Em nosso primeiro livro, *Alimentos para o bem-estar*, apresentamos o conceito de "upgrade" – isto é, pequenas variações nos hábitos alimentares para criar uma mudança significativa dos níveis energéticos, do humor e da saúde em geral. Por exemplo, trocar o arroz branco por arroz integral, ou, de manhã, os cereais doces por granola ou mingau, bem mais nutritivos e menos viciantes.

Este upgrade é um processo passo a passo e não imediato. É inevitável, enquanto você melhora suas escolhas, que também procure alimentos cada vez mais ricos em nutrientes e passe a experimentar novidades. Como verá na seção de receitas, Tash usou sua criatividade na cozinha para preparar deliciosos pratos com ingredientes menos conhecidos e que têm propriedades alcalinas e nutritivas (por exemplo, a Torta de castanha, p. 201, o Patê prático de edamame, p. 211 ou o Mingau de sementes de chia, p. 63). É o que chamamos de dieta de "primeira classe" – não por sugerir que seja mais cara, mas porque fornece uma gama mais ampla de nutrientes, com alimentos que conservam suas qualidades naturais.

Se este for o primeiro livro da nossa coleção que você comprou, talvez queira adquirir o anterior, a fim de passar pela fase de "desintoxicação" de cinco dias e depois pela fase "estilo de vida", que convida a seguir uma dieta diária de alimentos 70% alcalinos e 30% ácidos.

O que deseja alcançar?

Muita gente estabelece metas e objetivos – seja para se sentir melhor fisicamente, seja por causa de um evento em que deseja aparecer em sua melhor forma, ou, em geral, por causa de um novo capítulo da vida em que procura cuidar de si de um jeito totalmente novo. Sempre recomendamos que todas as pessoas definam suas metas e seus cronogramas.

Quem chegou a este novo livro sem ter lido o primeiro deve saber que vai enfrentar o desafio de abandonar certos alimentos comercializados que comeu a vida toda – cereais, pães e bolachas à base de trigo (p. 34) e laticínios como leite, creme, sorvete e queijo. Talvez você nunca tenha pensado que esses alimentos – que chamamos de formadores de ácidos – pudessem ser a causa de alguns dos seus problemas e da sensação de estar fora de forma.

Vamos em frente

Quem chegou aqui após ter seguido a fase de "desintoxicação" do primeiro livro e hoje está seguindo a fase "estilo de vida" provavelmente já mudou os produtos que armazena na despensa, o lugar onde compra comida e o que cozinha e come (e o que simplesmente nunca mais comerá).

Todos os leitores – novos ou fiéis – vão descobrir nas páginas deste livro inúmeras receitas para seguirem vivendo um estilo de vida saudável independentemente dos eventos, das comemorações e das ofertas de distração que o dia a dia proporciona. A seção de receitas oferece opções para cada circunstância – seja uma festa infantil de aniversário, seja uma refeição rápida ou um café da manhã dominical.

Mantenha um registro

Recomendamos que você renuncie a um grupo de alimentos de cada vez (por exemplo, os baseados em trigo ou em laticínios), em vez de dois ao mesmo tempo. Assim, poderá se acostumar à dieta alcalina sem se preocupar com o que vai pôr no lugar desses alimentos. Mais importante, manter um registro das coisas que não come ajuda a determinar quais sensibilidades específicas você pode ter; assim é possível saber quais alimentos lhe causam sintomas ao abandonar um grupo por três semanas e então reintroduzir esse grupo de alimentos formadores de ácidos (trigo, laticínios ou carne vermelha, por exemplo) por um dia – o que às vezes causa efeitos bem profundos!

Manter um registro da alimentação lhe permite ver como alguns alimentos trazem efeitos negativos quase imediatos – dores de estômago e cãibras, fadiga mental, irritabilidade, constipação ou diarreia. Como destacamos antes (pp. 20-6), esses sintomas são maneiras de o corpo dizer que a dieta não lhe faz bem. Se suspender esses alimentos por três semanas ou mais, a reação imunológica que vão provocar será mais forte.

A situação ideal – 70/30

Alguns leitores podem ter seguido antes alguma dieta rica em proteínas que tivesse por finalidade fornecer mais energia e ajudar a perder peso. O problema maior dessa abordagem é que ela é altamente formadora de ácidos no corpo, sobrecarregando o fígado e os rins, que precisam de valiosos nutrientes, como o magnésio, para amortecer os efeitos da quebra e da eliminação dos resíduos ácidos. Exemplo disso é uma dieta rica em carne/frango/peixe, com pouca ou nenhuma fruta ou legume, e virtualmente nenhum grão. Esse esquema, em termos de equilíbrio alimentar, fica na faixa de 10% de alimentos alcalinos e 90% de formadores de ácidos. A nosso ver, não é maneira saudável de nutrir o corpo e a mente.

Quando recomendamos a proporção de 70% de alimentos alcalinos por 30% de formadores de ácidos, deixamos bem claro que o fato de comer mais alimentos alcalinos ameniza a digestão e equilibra melhor as funções do corpo. Se der uma olhada nas receitas, por exemplo A omelete perfeita (p. 61), você verá que o simples ovo, que é formador de ácido, torna-se muito mais alcalino pela inclusão de tomate, cogumelo portobello e espinafre. E verá também que muitos legumes e verduras se encontram em quase todas as refeições, para lhe garantir mais equilíbrio. Assim, veja a Bala de proteína espirulina (p. 87), em que as laranjas e o coco desidratado (coco seco sem açúcar) dão equilíbrio ao doce.

O fato de uma receita ou um prato do cardápio ter ingrediente formador de ácido não significa que deve ser proibido. Ao contrário, deve ser um incentivo para procurar o equilíbrio de legumes, verduras e grãos integrais além de certas frutas, como tâmaras e damascos, para aumentar o nível alcalino do prato. Pensamos que você vai saber que está no caminho certo e que perceberá o momento em que a meta perfeita de 70% de alimentos alcalinos e 30% de formadores de ácidos foi alcançada – isto é, quando sua energia voltar a ser plena e você estiver com ideias claras e foco durante horas, quando sua pele e seu cabelo ficarem incríveis e seus amigos comentarem que nunca esteve tão bem!

Mais importante do que a aparência física é a progressiva diminuição da lista de sintomas dos quais você se queixava poucos meses atrás. Todos esses irritantes problemas de digestão, de pele, de menstruações acompanhadas de cólicas ou irregulares e as enxaquecas vão pertencer ao passado. Pode ser útil voltar à lista de checagem dos sintomas (pp. 18-9) para rever quais melhorias você já notou desde que mudou alguns de seus hábitos alimentares.

Em nossa experiência, algumas das primeiras mudanças positivas ao seguir a dieta alcalina são a melhora no humor e na qualidade do sono e a ampliação da capacidade de lidar com os desafios cotidianos. À medida que seu corpo se ajusta ao aumento da absorção de nutrientes vitais, seus hormônios vão se reequilibrar (incluindo os envolvidos no metabolismo) e você será capaz de perder aqueles quilos a mais dos quais não conseguia se livrar antes. Com esse aumento de energia, vai poder se exercitar de forma mais eficiente, permitindo que seu corpo fique mais flexível à medida que os músculos se tornam mais fortes e têm mais estâmina – qualquer que seja sua forma de exercício.

Você pode achar que tudo começou a crescer mais rápido – a necessidade de ir ao cabeleireiro com mais frequência, as unhas que precisam ser aparadas constantemente e a pele bem mais renovada, dando-lhe um brilho saudável. Esses indicadores notáveis mostram que seus órgãos internos agora estão funcionando de maneira ótima e que sua digestão como um todo melhorou muito, fato essencial para o bem-estar.

Uma das áreas mais importantes para a saúde e o bem-estar é a atitude mental – o fato de se sentir bem aumenta a autoestima, quando você percebe que consegue lidar com qualquer situação. Sem dúvida, sua nova paixão pelos alimentos que coloca na boca lhe permite entender que seus antigos hábitos alimentares estavam fora de controle e que você dedicava pouco tempo à sua alimentação.

O risco da recaída

Tanto Tash quanto eu achamos que você deve poder comer um pouco do que gosta sem pensar que isso vai "desequilibrar a balança" ou fazer com que acredite ter estragado todo o trabalho cumprido até então! Eu era apaixonada por chocolate, até entender que era um dos principais causadores das minhas enxaquecas. Ainda adoro chocolate, mas hoje como apenas chocolate amargo de boa qualidade, sem sólidos do leite ou adição de açúcar. Tash tem uma fraqueza por bolos, e então descobriu versões mais saudáveis, e nem por isso menos deliciosas, de todas as receitas às quais nunca resistiu. Você vai ver quantos "doces" conseguimos incluir neste livro, mas, como o nome indica, não estamos sugerindo que entrem em sua dieta diária – lembre-se de que se trata de "doces".

Se a paixão se tornar obsessão

Assim como tudo na vida, existe o risco de algumas pessoas se tornarem levemente obsessivas com a quantidade de alimentos alcalinos que comem – talvez por essa ser a mais recente de muitas tentativas de "seguir uma dieta". Aí, elas levam as coisas ao extremo, dizendo aos parentes e amigos que "não podem" comer vários alimentos por motivos de saúde. Se 70/30 é a proporção ideal entre alimentos alcalinos e formadores de ácidos, isso não significa que 80/20 ou até 90/10 sejam melhores. Nada levado ao extremo é saudável, e acreditamos firmemente que na vida tudo é questão de equilíbrio.

Embora a dieta alcalina exclua alguns alimentos, isso não significa que você deva se afastar de pratos bem-intencionados que outras pessoas cozinharam para você. Dê-se o direito de comer algo "fora da curva"; é uma ótima experiência para observar quais são os efeitos do alimento. Já que essa comida não vai acabar nem com você nem com sua nova dieta saudável, ela vai reforçar o que você já sabia. Note quais ingredientes seu corpo não consegue mais digerir. De fato, ele nunca conseguiu, mas hoje isso fica muito mais claro para você.

Na minha experiência da prática nutricional nos últimos vinte anos, tendo visto muitas pessoas ficarem obsessivas com os hábitos alimentares, se você se tornar exigente demais sobre o que está no seu prato – a ponto de considerar mais doloroso que agradável comer em restaurantes ou na casa de amigos –, sugiro que consulte um nutricionista para ajudar a mudar esse comportamento. Comer de forma alcalina não é uma simples dieta, mas uma maneira de viver e, assim sendo, algo adaptável.

CARDÁPIO PARA CINCO DIAS

Para que você tenha uma ideia da proporção justa de alimentos alcalinos e formadores de ácidos, dê uma olhada no nosso cardápio que cobre cinco dias da semana (à direita). Como você já sabe, recomendamos a proporção diária de 70% de alimentos alcalinos para 30% de formadores de ácidos. Como a maior parte das receitas usa essa regra 70/30, basta abrir o livro e escolher qualquer sugestão para saber que, naquele dia, você estará seguindo à risca essa proporção. Porém, vale a pena planejar uma semana de cardápio para garantir a variedade de legumes e frutas, grãos e leguminosas diferentes, além de vários tipos de culinária para aguçar o seu paladar e a sua vontade de comer.

Algumas pessoas podem seguir este cardápio por algumas semanas para ter uma ideia melhor do equilíbrio entre alimentos alcalinos e formadores de ácidos e ver como elas se sentem (quanto ao corpo e à mente), enquanto outras vão experimentar uma receita uma vez e depois pular de página em página em função do gosto ou dos ingredientes que há na despensa. Outras, ainda, podem preferir ver como funciona a partir desse exemplo para, depois, escolher receitas similares conforme sua vontade.

Portanto, este cardápio apresenta grandes combinações alcalinas para cinco dias, inclusive lanches e um "doce" semanal. Obviamente, você pode alterar o cardápio conforme seu tipo de trabalho ou de lazer durante a semana. Mas lembre-se de que não é preciso ter um "doce" por dia, nem um por semana – ele não deixa de ser o que sempre foi, algo especial, um "doce"!

Se usar o domingo à noite para preparar os pratos da semana, você verá que adiantar sopas ou tortas e congelá-las poupa muito tempo, além de elas serem grandes opções para almoços e jantares improvisados – dessa forma, sempre haverá algo pronto para levar consigo ou para quando voltar para casa!

DIA 1

Café da manhã

Minha granola favorita (p. 96) com maçã fatiada, leite de amêndoa e um bom punhado de frutas vermelhas frescas
Chá-verde

Almoço

Sopa de aipo-rábano e laranja (p. 260) e uma fatia de Torta de espinafre e tomate assado (p. 240)

Jantar

Curry verde cru com "macarrão" de abobrinha (p. 74) e salada verde, mais um molho de sua escolha (p. 82)

Lanche

Bolo de frutas vermelhas e amêndoa (p. 233)

DIA 4

Café da manhã

Ovo poché e espinafre sobre torrada de quinoa (p. 95)
Chá branco

Almoço

Wrap de salada (p. 69)

Jantar

Espaguete à bolonhesa de Sienna (p. 135)

Lanche

Patê prático de edamame (p. 211) com legumes crus

DIA 2

Café da manhã
A omelete perfeita (p. 61) com uma fatia de pão preto torrado
Chá de erva-doce

Almoço
Salada thai de manga e milho com relish de romã (p. 230)
Suco (pp. 266–7) ou Smoothie verde (p. 64)

Jantar
"Risoto" de espinafre e cevadinha (p. 246)

Lanche
Patê de sementes de girassol (p. 88) com bastonetes de cenoura e aipo

DIA 3

Café da manhã
Müsli de Bircher (p. 103) com damasco fatiado
Smoothie verde (p. 64)

Almoço
Salada de quinoa, couve, limão, beterraba e gergelim (p. 76)
Suco (pp. 266–7) ou Smoothie verde (p. 64)

Jantar
Berinjela assada e molho de manga com macarrão de arroz negro (p. 242) e molho de tahine (p. 82)

Lanche
Bala de proteína espirulina (p. 87)

DIA 5

Café da manhã
Mingau de sementes de chia (p. 63) com amêndoas em lascas e pêssego fatiado
Chá de hortelã

Almoço
"Risoto" de quinoa e cogumelos silvestres (p. 132) com salada de beterraba e molho de sua escolha (p. 82)

Jantar
Salada cítrica de alga (p. 73)

Lanche
Barra de granola (p. 87)

DOCES PARA A SEMANA

Escolha um dos seguintes:
Pipoca caramelizada (p. 118)
Rosquinha de derreter na boca (p. 124)
Cookie de uva-passa e aveia (p. 148)
Bolo de caramelo e creme inglês (p. 136)
Pudim de pão sem glúten com manteiga (p. 182)
"Nutella" de Moses (p. 100)
Muffin de nozes e banana (p. 98)

O NOVO JEITO DE COMER E COZINHAR

Comer de forma alcalina não significa apenas preparar as receitas e ingerir os alimentos – é muito mais do que isso. Abraçamos a dieta alcalina como um todo, e isso inclui a maneira de planejar o cardápio, a escolha dos ingredientes, o modo de cozinhar e comer. Como você vai descobrir adiante, vale a pena se tornar mais consciente do que come e de onde vem o alimento. E seu corpo vai lhe agradecer por isso.

Comer conscientemente

Quantas vezes de fato você se senta à frente de um prato e pensa conscientemente no que está comendo, em especial quando está só? A exemplo de muitas pessoas, talvez você almoce em sua mesa de trabalho, enquanto fala ao telefone ou lê na tela do computador... Ou quem sabe corre o dia todo, beliscando alguma coisa apenas ao perceber que sente fome e cansaço? Qualquer um desses exemplos lhe parece familiar?

O processo da digestão começa no momento em que você pensa em comida – o pensamento estimula a produção de saliva e as enzimas digestivas da boca, e o estômago fica alerta e se prepara para a chegada iminente dos alimentos. Dar-se o tempo de olhar o que se come e mastigar os alimentos de forma consciente é exatamente o que cria condições para otimizar a função digestiva. Mas muitas pessoas comem na corrida do dia a dia, dirigindo o carro ou sentadas no sofá, e apenas enfiam a comida na boca para saciar a fome o mais rápido possível – não é surpreendente que sofram de indigestão, arrotos e inchaço!

As enzimas na saliva ajudam a começar a quebra química dos alimentos e também a mastigá-los (quebrá-los fisicamente), e é importante levar o tempo necessário para mastigar a comida até que se torne uma papa espessa na boca. Além do mais, essa mastigação deliberada não só reduz os riscos de engasgar como também permite que os vários conjuntos de músculos do estômago triturem os alimentos, o que demora de 15 minutos a várias horas, conforme a densidade dos alimentos (por exemplo, as frutas se quebram rapidamente, mas a carne demora muito mais). Ao envelhecermos, o ambiente ácido do estômago é comprometido por uma produção menor de ácido clorídrico, o que costuma resultar em indigestões. Ironicamente, as pessoas incomodadas em geral são tratadas com antiácidos para reduzir o desconforto.

A verdade é que os sintomas de subprodução ou da superprodução de ácido gástrico são os mesmos, de maneira que a medicação é apenas um paliativo para o problema. Peça a seu médico que lhe receite uma enzima digestiva de amplo espectro em cada refeição do dia para ajudar o estômago a trabalhar – é uma solução muito melhor e bem mais amena para um problema comum. Aliás, alguns medicamentos de fato podem causar indigestão, por isso vale a pena experimentar a enzima digestiva, em vez de tomar ainda mais medicamentos para resolver o problema causado por outros.

Acreditamos firmemente que a dieta alcalina é uma forma infalível de otimizar suas funções digestivas e reduzir de forma significativa os problemas estomacais – garantindo que os alimentos que você comer sejam mais facilmente digeridos e oferecendo uma solução rica em nutrientes. Se tiver problemas digestivos, descobrirá que vão inevitavelmente melhorar à medida que aumentar a quantidade de alimentos alcalinos em sua dieta diária. Comprove por si mesmo. Os alimentos formadores de ácidos, como os laticínios, a carne bovina ou de aves, frequentemente provocam desconforto no estômago e na parte superior do intestino; vale a pena estabelecer uma meta para constatar que isso melhora com o consumo de legumes e verduras junto a alguns grãos alcalinos.

O tempo gasto para preparar sucos, lanches e refeições e selecionar os alimentos que fazem bem para o seu corpo vale seu peso em ouro. O que está no seu prato deve não só parecer apetitoso como ter uma ampla gama de cores para criar uma apresentação atraente. Ao comer no restaurante, você sabe muito bem o quanto a apresentação do prato conta – e não somente para os olhos, mas também para estimular os sucos digestivos!

Instigue sua língua

A língua é coberta por milhares de papilas – sua estrutura, vista no microscópio, é como um tapete de banho felpudo –, com microprojeções (ou papilas gustativas) que detectam o sabor e a textura da comida, agindo como um guia ou um guarda em relação ao que se põe na boca. Há áreas específicas para as cinco categorias de sabores – doce, salgado, picante (ou ardido), ácido e amargo. Na culinária asiática, prevalecem pratos que contêm os cinco sabores, garantindo um equilíbrio harmonioso.

Qual é seu sabor predileto? Você prefere doces ou comidas salgadas? A quantidade e a sensibilidade das papilas gustativas têm papel importante. Certas pessoas apresentam na língua áreas mais sensíveis a sabores doces ou a notas salgadas ou temperadas, que ajudam a moldar as diferenças entre quem gosta mais de doces e quem prefere alimentos salgados ou apimentados. Em média, existem de 2 mil a 8 mil papilas na língua de um adulto. Ao envelhecer, o número diminui, mas as papilas também podem ser danificadas ou dessensibilizadas conforme a maneira de viver. Por exemplo, o fumo, o álcool ou o chiclete podem dessensibilizar as papilas gustativas; e certos medicamentos (como os utilizados contra o câncer) podem prejudicar a capacidade de sentir sabores. Comer alimentos no estado natural, o mais próximo do modo como a natureza os concebeu, ajuda a desenvolver uma língua muito mais sensível aos sabores, proporcionando mais prazer com as nuances de um prato de sabores complexos, ervas frescas e especiarias.

Tash se orgulha de desenvolver receitas que têm "camadas" – ou seja, em que é possível descobrir vários sabores ao mastigar os alimentos, que revelam as diferentes texturas e condimentos do prato. Muitas receitas contêm combinações inesperadas de doce, salgado, ácido, ou salgado e denso, em vez de salgado e apimentado. Esse elemento surpresa diferencia as receitas de Tash – elas nunca são como se espera.

Do primeiro clique à última mordida

Organizar a maneira de selecionar e comprar os alimentos é a chave para garantir que você tenha tudo o que precisa na despensa ou na geladeira. Recomendamos que reserve algumas horas no fim de semana, ou quando tiver tempo livre, para se preparar para a semana que tem pela frente.

Feiras de produtores

Nós duas frequentamos as feiras dos dias de semana ou do fim de semana para selecionar deliciosos produtos locais que geralmente vêm de pequenos sítios. Esses sitiantes têm todo o cuidado para levar os produtos às feiras, já que seu sustento depende deles. Alguns produtores oferecem legumes e verduras diferenciados e frutas de pomares de muitos anos. Não há nada igual aos sabores complexos de frutas à moda antiga, como damascos, pêssegos ou ameixas, que cresceram em pequenos pomares, para incrementar deliciosos bolos ou tortas (Sopa de castanha e damasco, p. 260, ou Salada de pêssego e abóbora, p. 202).

Achamos essa forma de comprar alimentos muito mais excitante do que andar de lá para cá pelos corredores dos supermercados conhecidos. Nas feiras, a variedade é maior e, às vezes, muito mais desafiadora! Nosso objetivo é encontrar o maior número possível de produtos sazonais e descobrir novas maneiras de prepará-los – é definitivamente minha maneira predileta de passar o tempo com Tash!

Compras de supermercado

Os supermercados têm seu lugar, mas tendemos a usá-los para pequenas emergências, como feijões já cozidos, lentilhas, tomates enlatados com manjericão, vidros de corações de alcachofra e azeitonas. Comprar esses itens não é pecado, se significar para você uma gama mais ampla de produtos à sua disposição. Ademais, assim posso ter farinhas diferentes no meu estoque. Muitos supermercados hoje oferecem farinhas sem glúten, como a farinha de grão-de-bico ou a de trigo-sarraceno, e com elas você pode preparar panquecas e blinis em um piscar de olhos.

Compras especializadas on-line

Compre os produtos que quer armazenar em quantidades maiores – leite de oleaginosas, feijões e outras leguminosas, azeites. É sempre melhor adquirir azeites em vasilhames de 5 litros se puder mantê-los em local protegido do ar, da luz e do calor. Decante-os em lindas garrafas escuras e adicione alecrim, sálvia, manjericão, pimenta-malagueta ou alho para criar sua seleção de variedades temperadas. Mantenha esses azeites longe do calor do fogão, já que estão repletos de antioxidantes, para evitar que fiquem rançosos, o que pode dar um sabor horrível ao mais fresco legume.

Gostamos de comprar ervas secas e especiarias, mas procure produtos bem conservados e que não sejam vendidos a granel, a menos que faça comida para uma família grande. A não ser que cozinhe em grandes quantidades, as especiarias acabam perdendo parte da sua potência com o tempo, mesmo se armazenadas em recipientes herméticos, por isso convém comprar pequenas quantidades e usá-las até o fim antes de reabastecer o estoque. Faça uma boa limpeza nos armários a cada seis meses para prevenir e descartar ervas e especiarias vencidas. Lembre-se de que os alimentos frescos sempre são melhores, mas não se esqueça de que o anis-estrelado, a canela, a pimenta-da-jamaica e a noz-moscada podem ser armazenados, pois em geral não são especiarias do dia a dia.

Para comprar ingredientes mais específicos, como o tamarindo, o saquê mirin ou a espirulina em pó, procure lojas especializadas. Verifique que se trata de uma empresa de confiança, que envia os produtos em embalagens apropriadas. Não se deixe seduzir por produtos baratos ou com desconto, confira sempre o prazo de validade. E sempre escolha marcas de boa reputação.

Aventure-se em novas lojas

Ao lado das compras on-line, Tash e eu adoramos encontrar novos produtos em supermercados orientais ou outras lojas locais independentes – alguns dos melhores pratos de Tash resultam de experimentar ingredientes que ela nunca havia visto nem cozinhado antes. Então, ouse e não tenha medo de perguntar para que serve um ingrediente – entender de que forma é cozido ou usado lhe permite pensar em novas receitas "fora dos padrões". A inspiração pode ser quase diária se você acreditar que é possível.

Comida crua e métodos de cozinhar

Adoramos as comidas cruas e, ao cozinhar, procuramos manter os ingredientes o mais perto possível do estado natural. Mas também gostamos das possibilidades que o cozimento oferece em termos de adição de texturas e sabores. Existem muitos modos de cozinhar - desde assar até escalfar e cozinhar no vapor. Todos têm benefícios, e alguns, ressalvas. Cada método ou técnica a seguir convém melhor a certos ingredientes para ressaltar o sabor ou a textura que transmitem ao prato.

Comida crua – sem cozinhar

Os benefícios de comer legumes e frutas crus, ou acrescentar sementes e brotos de leguminosas crus a saladas, não devem ser subestimados. Neste livro, incluímos Quatro smoothies verdes (p. 64) por sua densidade nutritiva, o Curry verde cru com "macarrão" de abobrinha (p. 74), que usa um espiralizador para fazer espaguetes com legumes frescos, e o Patê de sementes de girassol ou o Pesto de tomate seco (p. 88), só para citar algumas receitas. Comer ingredientes crus proporciona a maior quantidade de nutrientes em uma refeição - tente pelo menos incluir um suco ou uma salada por dia (mesmo no inverno) para otimizar sua nutrição.

Desidratar

Esse brilhante método de literalmente "drenar a água" ou o fluido dos legumes e frutas transforma em versão crocante e repleta de nutrientes o que foi posto no desidratador na noite anterior. A desidratação não é um processo rápido, mas os alimentos desidratados são bem mais saudáveis que seus equivalentes comercializados. Esse método de "cozinhar" é cada vez mais popular entre os crudívoros e quem procura comer de forma saudável. Alguns desidratadores têm preço razoável (outros são bem caros), e são itens maravilhosos para a cozinha. Você nunca mais vai comprar chips prontos! Para ideias de receitas, veja o Rolinho de frutas (p. 147) e os Chips de couve com chocolate (p. 84).

Grelhar

Grelhar - usando uma combinação de calor e óleo - funciona muito bem com legumes, principalmente tubérculos, por ressaltar seu sabor doce. O segredo é grelhar em temperatura baixa ou média, para garantir que os nutrientes dos legumes não sejam prejudicados. Legumes como a abóbora-cheirosa, a batata-doce, a beterraba, a pastinaca e a couve-rábano ficam maravilhosos quando grelhados.

Assar

O bom de assar é que, enquanto você prepara outros pratos, os biscoitos, bolos, pães e bolinhos "se viram sozinhos". Pensando bem, assar foi a primeira maneira de cozinhar, com o fogo em um buraco e a comida embrulhada em folhas para "assar" nas brasas, deixando o sabor se desenvolver sem que os alimentos ficassem cozidos demais.

Embora alguns possam achar que assar é algo um tanto difícil e que exige muita precisão, Tash torna as coisas mais fáceis do que você imagina. Como já experimentou o que funciona, ela combina ingredientes para obter uma complexidade de sabores que atiçam o paladar. O truque é usar um *timer* para assar - muitos bolos, biscoitos ou bolinhos ficam ruins porque são "esquecidos" no forno.

A vantagem de poder, por exemplo, consumir doces que "fazem bem" é imensa, com o benefício

Processar e centrifugar

O mais recente utensílio da nossa cozinha é um processador de alta velocidade (usamos o Vitamix); recomendamos que você compre o melhor que possa se oferecer. Todo tipo de prato – molhos, sopas, patês – é triturado junto no processador. Nós o usamos várias vezes por dia: o investimento valeu a pena. A centrífuga não funciona como o processador; você precisa procurar uma que use mesmo o processo de centrifugação para obter o maior volume de suco dos seus ingredientes.

de que eles podem levar legumes e frutas dos quais, às vezes, alguns membros da família fugiriam. Para ideias de receitas, veja o Muffin de nozes e banana (p. 98), o Cookie de uva-passa e aveia (p. 148), o Bolo de laranja e amêndoa com calda de laranja e glacê de chocolate (p. 161) e o Boneco de gengibre (p. 179).

Tostar

Usar o calor do forno sem óleo para tostar é uma ótima maneira de ressaltar o sabor de nozes em granolas, grãos e sementes. Tostar requer temperaturas baixas; fica ainda melhor se você usar a estufa do forno, se tiver. A baixa temperatura deixa os sabores se desenvolverem sem prejudicar as delicadas gorduras essenciais dos alimentos. Para risotos, pode-se tostar com antecedência cevada e quinoa, em particular, para dar um toque especial às receitas. Para ideias de pratos, veja Minha granola favorita (p. 96), Bolinho de laranja e sementes de anis (p. 208) e "Nutella" de Moses (p. 100). Todas as oleaginosas e sementes devem ser tostadas no forno em temperatura baixa para evitar que fiquem rançosas e devem estar completamente frias antes de serem armazenadas em recipientes herméticos.

Escalfar

Tradicionalmente uma técnica de cozinha usada com peixes, frutos do mar e aves, pode perfeitamente servir para produtos de soja e legumes, a fim de criar uma refeição servida em uma só tigela, com macarrão. Ervas, especiarias e outros temperos devem ser escalfados para que os aromas se desenvolvam antes que se acrescentem os alimentos. O gengibre, o capim-limão, as folhas de limão-taiti, as pimentas e o tamarindo, por exemplo, podem ser combinados; o mesmo vale para o anis-estrelado, a canela e a noz-moscada, ao escalfar frutas para o café da manhã ou para pudins.

Essa técnica bem delicada de cozinhar é uma excelente maneira de preservar a forma e a textura dos alimentos, e o fato de tampar ajuda a manter aromas e nutrientes dentro da panela. Para ideias de receitas, veja a Compota de frutas vermelhas e kuzu (p. 63) e a Panna cotta de capim-limão e água de rosas (p. 250).

Saltear

Passar os alimentos por uma frigideira quente com pouca gordura (manteiga ou óleo) é uma técnica usada na culinária mediterrânea. Salteamos os alimentos, mas usamos óleos saudáveis, como o azeite e o óleo de coco, para que os ingredientes se tornem saborosos, sem ficarem queimados ou escuros. Saltear permite criar "camadas" de sabores e cozinhar legumes junto com feijão e outras leguminosas. O fato de mexer e saltear constantemente a comida é vital, mas fique de olho na frigideira – basta se distrair por um minuto para a comida queimar e ficar ruim. O segredo? Cozinhar em temperatura baixa. Use os sucos da frigideira com água e caldo, reduzindo-os para intensificar o sabor ainda mais. Para manter a temperatura baixa, costumo respingar água. Para ideias de receitas, veja o Faláfel de lentilha com pão achatado de trigo-sarraceno (p. 219), a Tortinha de cenoura e abobrinha (p. 192) e a Sopa de erva-doce e alho-poró (p. 262).

Reduzir

Técnica usada em cozinhas de chefs renomados, a redução permite combinar ingredientes cozinhando-os devagar até obter um terço do volume original, com consistência mais espessa e sabor bem mais intenso. Tash costuma reduzir frutas devagar até obter uma consistência pegajosa. É uma ótima maneira de produzir molhos e caldas.

O MELHOR DA DESPENSA

LEGUMINOSAS
Feijão-manteiga
Grão-de-bico
Lentilha de puy
Lentilha-negra ou beluga
Lentilha-vermelha

FARINHAS
Amêndoa
Arroz
Aveia
Batata
Centeio
Coco
Grão-de-bico
Maisena (amido de milho)
Painço
Quinoa
Tapioca
Teff
Trigo-sarraceno

GRÃOS
Arroz integral (para sushi, de grãos curtos, basmati e para risoto)
Arroz-selvagem
Arroz-vermelho
Aveia em flocos
Aveia sem glúten
Cevada em flocos
Cevadinha
Flocos de arroz sem açúcar
Milho para pipoca
Painço em flocos
Trigo germinado

OLEAGINOSAS E SEMENTES
Amêndoas, inteiras e em lascas
Anis-estrelado
Avelã
Castanha-de-caju
Castanha-do-pará
Castanha-portuguesa
Coco
Feno-grego
Kümmel
Noz-pecã
Nozes
Pinhole
Pistache
Quinoa
Sementes de abóbora
Sementes de chia
Sementes de gergelim
Sementes de girassol
Sementes de linhaça
Sementes de papoula

MANTEIGA DE OLEAGINOSAS E SEMENTES
Abóbora
Amêndoa
Avelã
Castanha-de-caju
Girassol
Tahine

ÓLEOS
Abóbora
Azeite
Nozes
Coco
Gergelim torrado
Girassol

CONDIMENTOS
Ágar-ágar
Água de flor de laranjeira
Água de rosas
Caldo de legumes em pó
Levedura nutricional
Missô
Molho tamari
Mostarda de Dijon
Pasta de tamarindo
Sal marinho céltico (de Guérande)
Sal rosa do Himalaia
Saquê mirin
Vinagre balsâmico
Vinagre de arroz integral
Vinagre de maçã

ERVAS E ESPECIARIAS
Alecrim fresco
Alecrim seco
Anis-estrelado em pó
Capim-limão
Cerefólio fresco
Coentro, em sementes e pó
Coentro fresco
Cominho em pó
Cúrcuma em pó
Curry em pó
Endro fresco
Estragão fresco
Feno-grego em pó
Folhas de curry, frescas ou secas
Garam masala em pó
Gengibre em pó
Hortelã fresca
Louro fresco
Manjericão fresco
Mistura de especiarias em pó
Páprica defumada
Pimenta-da-jamaica em pó
Pimenta-de-caiena
Raiz de gengibre
Raiz-forte em pó
Salsa fresca
Sementes de erva-doce
Sementes de mostarda
Sementes de cominho-preto
Sementes de aipo
Tomilho fresco
Zaatar

ADOÇANTES NATURAIS
Açúcar de palma
Agave em pó
Anis-estrelado
Cacau cru em pó
Canela em pó
Cardamomo
Coco desidratado
Extrato de baunilha
Fava de baunilha
Fava de cacau cru
Manteiga de cacau cru
Mel de manuka
Melaço de romã
Noz-moscada
Pasta de ameixa umeboshi
Xarope de agave
Xarope de arroz integral
Xarope de tâmara
Xilitol

CHÁS DE ERVA E ALTERNATIVAS AO CAFÉ
Café de dente-de-leão
Camomila
Cevada instantânea
Chá branco
Chá-verde
Erva-doce
Erva-mate
Gengibre
Hortelã
Jasmim
Pu-erh (chá vermelho chinês)
Rooibos ou aspálato
Tomilho
Urtiga

FRUTAS E LEGUMES SECOS
Alga kombu
Alga nori
Alga wakame
Cranberries sem açúcar
Damasco
Goji berry
Mirtilo sem açúcar
Shiitake
Uva-passa branca
Uva-passa preta

OUTROS ITENS SECOS
Bicarbonato de sódio
Fermento em pó
Goma xantana
Kuzu ou araruta-japonesa
Leite em pó sem lactose
Macarrão de arroz negro
Macarrão sem glúten

COMPRAS FRESCAS SEMANAIS

Na geladeira

Água de coco
Cream cheese de tofu
Erva de trigo e de cevada em pó
Espirulina
Iogurte de cabra
Iogurte de soja
Leite de amêndoa
Leite de arroz
Leite de aveia
Leite de avelã
Leite de coco
Leite de quinoa
Maca peruana em pó
Manteiga vegana
Ovos
Probiótico em pó
Queijo de cabra
Queijo de ovelha
Queijo feta
Queijo halloumi
Tofu
Tofu defumado

Do verdureiro

Abacate
Abacaxi
Abóbora
Abóbora-cheirosa
Abobrinha
Acelga
Acelga-chinesa
Agrião
Aipo
Aipo-rábano
Alcachofra
Alface-americana
Alho
Alho-poró
Ameixa
Ameixa branca
Amora
Aspargo
Banana
Batata-doce
Berinjela
Beterraba
Brócolis
Broto de feijão
Cebola (amarela e roxa)
Cebolinha
Cebolinha-francesa
Cenoura
Chicória
Coentro
Cogumelo portobello
Cogumelos silvestres
Coração de alcachofra
Couve
Couve-de-bruxelas
Couve-tronchuda
Edamame
Erva-doce
Ervilha
Ervilha-torta
Espinafre
Fava
Figo
Framboesa
Gengibre
Grapefruit
Kiwi
Laranja
Limão-siciliano
Limão-taiti
Maçã
Mamão
Manga
Manjericão
Maracujá
Melancia
Melão-cantalupo
Milho
Mirtilo
Morango
Mostarda
Mizuna
Nectarina
Pepino
Pera
Pêssego
Pimenta
Pimentões (todas as cores)
Quiabo
Rabanete
Repolho
Romã
Rúcula
Salsa
Tâmara
Tomate
Tupinambo
Uva
Vagem

AS RECEITAS EM UM PISCAR DE OLHOS

Se você procura inspiração imediata, consulte este índice de receitas.

Café da manhã

Entradas e acompanhamentos

Sopas

Pratos principais

Saladas

Doces

Lanches e porções

Pães e bolos

Patês, molhos e marinadas

Sucos

Bebidas

NA PRESSA

Prepare com antecedência pratos deliciosos e nutritivos que se encaixem no seu expediente, para comer de forma saudável e com saciedade a qualquer momento do dia.

MANHÃS EXPRESSAS

A OMELETE PERFEITA

Se acha que fazer omelete de manhã antes de ir trabalhar é muito demorado, além de sujar louça, não se esqueça de que rapidez é questão de prática – especialmente na hora de dobrar a omelete.

♥♥

1 porção

2 ovos
2 colheres (sopa) de óleo de girassol
1 tomate grande picado
1 cogumelo portobello fatiado ou picado
3 cm de pimenta-dedo-de-moça picada (opcional)
10 g de folhas de salsa picadas
10 g de folhas pequenas de espinafre picadas

Quebre e bata os ovos em uma tigela e reserve.

Aqueça 1 colher (sopa) de óleo de girassol em uma frigideira em fogo médio e salteie o tomate e o cogumelo picados por 2-3 minutos, até ficarem macios. Transfira para uma tigela e reserve.

Limpe a frigideira com papel-toalha e aqueça nela 1 colher (sopa) de óleo de girassol.

Acrescente a pimenta (se usar) e a salsa ao preparo de ovos, despeje na frigideira e deixe cozinhar por 30 segundos. Adicione o preparo de tomate e cogumelo em uma das metades (meia-lua) da omelete e disponha o espinafre picado por cima.

Se a omelete não se soltar quando você sacudir levemente a frigideira, passe uma espátula por baixo da metade sem recheio. Com cuidado, dobre essa metade sobre a outra. Não se preocupe se a omelete não ficar perfeita, pois a aparência não vai afetar o seu delicioso sabor.

Agora, outra parte delicada: vire a omelete do outro lado e deixe dourar por mais 1 minuto; se precisar, use duas espátulas até pegar o jeito. Sirva imediatamente e se delicie.

MINGAU DE SEMENTES DE CHIA

Com textura diferente da do mingau de aveia, esse prato sem grãos é rápido e perfeito para quem quer entrar nos eixos ou perder peso. O mingau de sementes de chia é delicioso quente ou frio, ótimo para começar o dia; misture os sabores usando os diferentes substitutos do leite.

1 porção

3 colheres (sopa) de sementes de chia
240 ml de leite de amêndoa*
½ colher (chá) de canela em pó
amêndoas em lascas, para polvilhar

* Bata no liquidificador 150 g de amêndoa crua escorrida após 4 horas de molho com 750 ml-1 litro de água, até obter uma massa bem homogênea; esprema a massa num pano limpo ou num coador; o líquido resultante é o leite de amêndoa. Conserve em geladeira por até 2 dias em um recipiente hermético.

Coloque todos os ingredientes, exceto as amêndoas, em uma tigela. Misture sem parar por 1 minuto, até formar um mingau. Você pode preparar o mingau de véspera, deixar na geladeira e acrescentar leite de amêndoa de manhã para soltar o preparo, ou demolhar as sementes por 15 minutos; polvilhe as amêndoas em lascas e se delicie.

Uma alternativa: transfira os ingredientes da tigela para uma frigideira e aqueça lentamente, por 3-5 minutos, para comer o mingau quente (não precisa deixar de véspera na geladeira).

Ajuste o açúcar com xarope de agave ou acrescente frutas frescas, oleaginosas, sementes ou um pouco de compota de frutas vermelhas e kuzu (veja à direita).

COMPOTA DE FRUTAS VERMELHAS E KUZU

Quando quiser algo doce, recorra a essa deliciosa compota vermelha. É perfeita para o café da manhã (com iogurte e granola, p. 96) ou servida como calda com bolo (p. 233) em uma sobremesa saudável e sem culpa.

rende 800 g

200 g de framboesa
200 g de amora
480 ml de água, mais 1 colher (sopa) de água fria
1 colher (sopa) de xarope de agave
40 g de kuzu
1 colher (chá) de extrato de baunilha

Em uma frigideira, coloque as frutas vermelhas, a água e o xarope de agave para ferver levemente por 3-4 minutos.

Em uma xícara, dissolva os grânulos de kuzu com 1 colher (sopa) de água fria, mexendo até ficar homogêneo.

Acrescente o kuzu diluído às frutas vermelhas quentes, mexa bem e retire a frigideira do fogo. Adicione o extrato de baunilha.

Deixe esfriar (na frigideira ou em uma tigela) e leve à geladeira por 1 hora.

DICA DE TASH

Se demolhar as sementes de véspera, use metade da quantidade de chia e substitua o restante por aveia sem glúten como opção mais consistente pela manhã – ótima alternativa para quem se exercita muito.

DADO NUTRICIONAL

O kuzu é um fermento natural sem glúten, feito da raiz do kuzu japonês *(Pueraria lobata)*. Trata-se de um espessante, como a maisena ou a araruta, excelente para engrossar pratos, de molhos até caldas. É fácil de digerir, além de ser calmante.

QUATRO SMOOTHIES VERDES

Não há melhor maneira de começar o dia do que com smoothies verdes alcalinos. São bem nutritivos e ficam prontos em 2 minutos. Assim, você não tem mais desculpa para não preparar um smoothie de manhã e levá-lo para o trabalho. Além do mais, ele ajuda a equilibrar o nível de açúcar do sangue até a hora do almoço.

Bata todos os ingredientes no processador em alta velocidade. Se o smoothie ficar espesso demais, acrescente um pouco de água alcalina filtrada ou água de coco.

1 porção

Máquina verde

- um bom punhado de folhas de espinafre
- 13 cm de pepino
- 1 banana
- 2 talos de aipo
- ½ colher (chá) de espirulina
- 240 ml de água alcalina filtrada ou água de coco

Verde glorioso

- um bom punhado de agrião
- 1 pera sem caroços
- 1 cabeça de brócolis
- ¼ de avocado
- 1 ameixa sem caroço
- 50 ml de suco de maçã sem açúcar
- 240 ml de água alcalina filtrada ou água de coco

Amor verde

- 170 g de manga
- 15 g de folhas de salsa
- um bom punhado de folhas de couve ou espinafre
- 1 colher (sopa) de sementes de linhaça ou chia
- 240 ml de água alcalina filtrada ou água de coco
- ½ maçã sem caroços

Brilho verde

- um bom punhado de acelga-chinesa
- 3 buquês de brócolis
- 75 g de uva sem sementes
- 1 kiwi
- 1 cm de gengibre descascado
- 240 ml de água alcalina filtrada ou água de coco

DADO NUTRICIONAL

Os legumes e verduras desses smoothies são ricos em ingredientes alcalinos. A clorofila (o pigmento verde) limpa e hidrata o intestino. O magnésio garante o movimento peristáltico do intestino e equilibra a função cardíaca. Eles também são ricos em ferro altamente absorvível.

ALMOÇOS RÁPIDOS

WRAP DE SALADA

A ideia desses wraps é mostrar várias combinações de receitas encontradas neste livro, tanto como salada quanto como wrap sem pão. Tudo é questão de preparo; quem já fez alguma das receitas abaixo pode juntar sobras e obter um almoço rápido e fácil.

Ao longo do livro, há acompanhamentos, molhos e saladas que podem vir a ser combinações maravilhosas e saborosas. Comece com as listadas a seguir, mas não deixe de usar a criatividade... Está na hora de dar uma de chef.

Passo 1

Comece cozinhando leguminosas ou grãos.
(Siga as instruções da embalagem.)
Lentilhas de puy
Arroz-vermelho
Quinoa
Arroz integral

Passo 2

Adicione legumes grelhados ou refogados.
Salada arco-íris com legumes assados, p. 205
Legumes grelhados com masala, p. 131
Berinjela assada com especiarias, p. 78
Cenoura arco-íris assada, p. 110
Abóbora-cheirosa assada, da Salada de pêssego e abóbora, p. 202

Passo 3

Acrescente uma verdura ou legume cru.
Cenoura ralada
Abobrinha ralada
Couve marinada em suco de limão-siciliano
Repolho picado
Espinafre

Passo 4

Adicione ervas picadas.
Salsa
Coentro
Cerefólio
Endro

Passo 5

Acrescente um molho ou patê (escolha um da p. 82).

Passo 6

Polvilhe com oleaginosas ou sementes; acrescente tofu, conforme o gosto.

Passo 7

Misture todos os ingredientes.
Ou coloque o preparo sobre um leito de folhas frescas ou recheie um wrap feito com folhas de acelga levemente cozidas no vapor ou folhas grandes de alface-americana.

DICA DE TASH

Três das minhas combinações prediletas são:
1 Arroz-vermelho, berinjela com canela, cenoura ralada, molho de salsa com tahine (p. 82) e sementes de abóbora.
2 Lentilha, abóbora assada, couve, endro, tofu defumado e molho de iogurte e hortelã.
3 Quinoa, cenoura assada, espinafre, cerefólio, sementes de gergelim e molho agridoce de pimenta.

SALADA DE LENTILHA DE PUY, ARROZ INTEGRAL E BATATA-DOCE

Esse prato é tão saboroso quente como frio. Se quiser prová-lo quente, siga o método descrito abaixo. Mas se preferir comê-lo como almoço no trabalho ou levá-lo em um piquenique, prepare cada parte separadamente, coloque o molho em um recipiente ou pote pequeno e misture tudo na hora de comer.

4 porções

200 g de arroz basmati integral (ou arroz integral comum)
150 g de lentilha de puy
um pedaço de alga kombu
425 g de batata-doce descascada e cortada em cubos de 2 cm
3 colheres (sopa) de óleo de girassol
uma pitada de coentro em pó
100 g de edamame
15 g de endro picado
1 cebolinha cortada em fatias finas diagonais
10 g de castanhas-de-caju cruas cortadas ao meio ou inteiras, para decorar (opcional)
folhas de salsa, para decorar

Para o molho:

15 g de folhas de salsa
80 ml de óleo de gergelim
1 limão-siciliano
uma pitada de sal rosa do Himalaia

Para a cobertura de sementes torradas no molho tamari:

40 g de sementes cruas de abóbora
2 colheres (sopa) de molho tamari

DICA NUTRICIONAL

O edamame (ou soja verde) é ótima fonte de fibra insolúvel, de minerais ósseos e de uma gama completa de aminoácidos. Como fonte não processada de soja, esses feijões são o que há de melhor – ainda mais se forem orgânicos.

Preaqueça o forno a 180°C.

Cozinhe o arroz integral e as lentilhas de puy de acordo com as instruções da embalagem; o arroz integral demora 40 minutos, enquanto as lentilhas precisam de cerca de 25 minutos. Ao cozinhar as lentilhas, acrescente um pedaço de alga kombu (veja também p. 211), para ajudar a quebrar os açúcares complexos, que podem provocar inchaço e flatulência.

Na metade do cozimento do arroz, coloque os cubos de batata-doce em uma assadeira, regue com o óleo de girassol e polvilhe com coentro em pó. Asse no forno por 20 minutos.

Então, em outra assadeira, misture as sementes de abóbora com o molho tamari até que fiquem bem cobertas. Asse no forno preaquecido por cerca de 10 minutos. Retire do forno e deixe esfriar para usar como decoração.

Bata todos os ingredientes do molho no processador por cerca de 30 segundos.

Em uma tigela grande, misture o arroz, as lentilhas, o edamame, o endro, a batata-doce assada e a cebolinha com metade do molho.

Ao servir, divida o preparo em quatro pratos e regue com o restante do molho. Decore com a castanha-de-caju, as sementes de abóbora ao tamari e as folhas de salsa.

SALADA CÍTRICA DE ALGA

Apenas despeje os ingredientes em uma tigela e acrescente o molho na hora de comer – é um ótimo prato, que fica pronto em dois passos.

2 porções como acompanhamento

30 g de alga wakame
1 grapefruit descascado e cortado em gomos
1 laranja descascada e cortada em gomos
40 g de pepino cortado em cubos finos
1 cebolinha cortada em fatias finas diagonais
20 g de endro
1 colher (sopa) de sementes de gergelim
2 colheres (sopa) de Molho asiático (p. 82)

Demolhe a alga em água morna por 15 minutos. Escorra bem, descarte o talo e fatie o restante em tiras de 1 cm de largura.

Junte todos os ingredientes e misture com as mãos até ficarem bem incorporados.

DICA DE TASH

Se precisar de uma refeição mais substancial, experimente acrescentar arroz integral cozido, que fica perfeito com essa salada.

DADO NUTRICIONAL

As algas estão entre os alimentos mais alcalinos, fornecendo não só uma ampla gama de aminoácidos, mas também um rico suplemento de vitamina C, cálcio e ferro.

CURRY VERDE CRU COM "MACARRÃO" DE ABOBRINHA

Essa salada, entre as mais belas, surpreende por ser leve e nutritiva ao mesmo tempo. O macarrão feito com o espiralizador dá um toque especial, sobretudo para evitar os carboidratos. Procure substituir a massa tradicional, à base de trigo, usando esse macarrão com o Ótimo molho de tomate (p. 221). Você vai se apaixonar!

4-5 porções

Para o molho:

12 g de folhas secas ou frescas de curry
150 g de castanha-de-caju crua, demolhada por 30 minutos e escorrida
120 ml de água
suco de ½ limão-taiti
10 g de coentro
200 ml de leite de coco
1 colher (chá) de: cominho, gengibre em pó, capim-limão seco, pimenta-malagueta (picada), alho (picado), gengibre (ralado), coentro em pó

Para o "macarrão" de abobrinha:

5 abobrinhas
100 g de broto de feijão
190 g de ervilha-torta fatiada finamente
2 pimentões vermelhos fatiados
200 g de miniespiga de milho fatiada
castanha-de-caju crua, para decorar

Bata todos os ingredientes do molho no processador, até obter um preparo homogêneo. Reserve.

Com um espiralizador (veja também p. 206), faça macarrão de abobrinha; regue o macarrão com o molho e acrescente os legumes picados. Transfira para recipientes herméticos e deixe na geladeira até a hora de servir. (Se preferir, faça o molho com antecedência e misture ao macarrão na hora de servir.)

Decore com castanha-de-caju na hora de comer.

DICA DE TASH

Se não tiver um processador de alta velocidade, demolhe as castanhas-de-caju por algumas horas para poder processá-las facilmente e, assim, evitar que o molho fique granuloso.

DADO NUTRICIONAL

O broto de feijão é um "alimento vivo" que garante o mais alto nível de proteínas. Adicionado a qualquer prato, ele preenche a necessidade de proteína da refeição, além de conferir um toque deliciosamente crocante aos alimentos frescos.

SALADA DE QUINOA, COUVE, LIMÃO, BETERRABA E GERGELIM

O pólen de abelha é uma deliciosa opção doce para essa salada – não imprescindível, mas que lhe dá um toque deliciosamente crocante. Se quiser preparar o prato de antemão para levá-lo ao trabalho, deixe os ingredientes secos separados dos molhados e misture na hora de comer.

4 porções

3 beterrabas grandes descascadas e cortadas em meias-luas
3 colheres (sopa) de óleo de girassol
180 g de quinoa
1 colher (sopa) de caldo de legumes em pó
2 dentes de alho amassados
1 alho-poró pequeno cortado em fatias finas diagonais
suco de 1½ limão-siciliano
80 ml de água
110 g de couve picada
uma pitada de sal rosa do Himalaia
75 g de floretes tenros de brócolis picados
raspas finas de 1 limão-siciliano
15 g de hortelã picada
15 g de salsa picada
½ colher (sopa) de saquê mirin
¼ de colher (sopa) de zaatar
1 colher (sopa) de óleo de gergelim
1 colher (sopa) de vinagre de arroz integral
15 g de pólen de abelha* (opcional; descarte o pólen em uma versão vegana), para decorar

* O pólen de abelha pode ser encontrado em mercados cerealistas.

DADO NUTRICIONAL

A couve é o superalimento do grupo das verduras, repleto de micronutrientes. Ferro, manganês, magnésio, fósforo, zinco e as vitaminas C, E e K fazem dessa potente folha nosso número um da lista de alimentos alcalinos em termos de nutrientes.

Preaqueça o forno a 180°C.

Asse a beterraba por 45 minutos com 1 colher (sopa) de óleo de girassol.

Cozinhe a quinoa conforme as instruções da embalagem junto com o caldo em pó; reserve.

Aqueça bem o restante do óleo de girassol em uma frigideira. Salteie o alho e o alho-poró em fogo médio por 2 minutos. Junte o suco de meio limão e a água. Assim que o alho-poró começar a absorver a água, acrescente a couve e misture bem. Em seguida, adicione o suco de meio limão e uma pitada de sal. Refogue por 2-3 minutos, até a couve ficar macia. Retire do fogo.

Junte os ingredientes, misturando o alho-poró, a couve e a beterraba com a quinoa e então incorpore devagar os brócolis, as raspas de limão e as ervas.

Misture o restante do suco de limão, o saquê mirin, o zaatar, o óleo de gergelim e o vinagre de arroz integral e regue a salada. Finalize polvilhando com o pólen de abelha (opcional).

AOS DOMINGOS

BERINJELA ASSADA COM ESPECIARIAS

Esse prato tem inúmeros usos – é perfeito como acompanhamento, parte de salada ou pode ser regado com Molho de tahine (p. 82), compondo um ótimo jantar. Além do mais, pode ser preparado no domingo e servido durante a semana.

4 porções como acompanhamento

1 berinjela
½ cebola roxa cortada em fatias finas
¼ de colher (chá) de gengibre em pó
uma pitada de sal rosa do Himalaia
¼ de colher (chá) de kümmel ou de canela em pó
3 colheres (sopa) de óleo de girassol

Preaqueça o forno a 170°C.

Forre uma assadeira antiaderente com papel-manteiga e cubra bem as laterais. Use outra folha de papel-manteiga para servir de tampa.

Pique a berinjela em meias-luas de cerca de 3 cm de espessura. Coloque a berinjela na assadeira forrada, espalhe por cima a cebola fatiada e tempere com o gengibre em pó, sal e o kümmel ou a canela. Regue com o óleo de girassol.

Cubra com a segunda folha de papel-manteiga – a tampa –, dobrando bem as laterais e os cantos para que o vapor do cozimento não escape.

Asse a berinjela no forno preaquecido por 45 minutos, até ficar macia e cremosa ao toque. Retire do forno e escolha o modo de servir esse delicioso prato.

DADO NUTRICIONAL

A cebola roxa, mais forte que a branca, é naturalmente rica em enxofre, otimizando o funcionamento do fígado e a desintoxicação natural.

FRITADA DE ASPARGO

Aproveite a estação de aspargos para preparar essa fritada, que pode ser saboreada durante vários dias. Seja como lanche ou acompanhada de uma bela salada verde, seu sabor é divino.

4 porções

12-14 aspargos
1 colher (sopa) de sal comum
8 ovos
3 cebolinhas cortadas em fatias finas diagonais
30 g de endro picado
30 g de coentro picado
uma pitada de sal rosa do Himalaia
4 colheres (chá) de óleo de girassol ou de manteiga de sementes de girassol
1 colher (sopa) de sementes de gergelim cruas

Preaqueça o forno a 170°C.

Apare os talos e fatie os aspargos em dois pelo comprimento; se forem muito espessos, corte de novo cada metade em dois pelo comprimento.

Ferva os aspargos por 1 minuto em uma panela com água e 1 colher (sopa) de sal. Escorra a água e coloque os aspargos em água gelada para esfriar.

Em uma tigela grande, bata os ovos e junte as ervas. Tempere com uma pitada do sal rosa do Himalaia.

Aqueça o óleo em fogo médio em uma frigideira antiaderente que possa ir ao forno. Toste as sementes de gergelim na frigideira e, assim que ficarem douradas, acrescente o ovo batido.

Distribua igualmente os aspargos sobre o preparo de ovos e leve a frigideira ao forno por 15 minutos, ou até os ovos ficarem firmes.

Corte a fritada na frigideira e sirva cada fatia com uma grande salada verde e brotos temperados com nosso Molho perfeito para salada (p. 82).

DICA DE TASH

Uso sal comum só para escaldar os aspargos. O fato é que, ao escaldar legumes verdes, o sal na água age como uma barreira à osmose, impedindo que os nutrientes saiam dos legumes, além de deixá-los bem verdes por ressaltar a clorofila que eles contém – não se preocupe: o sal não penetra nos legumes, e os aspargos não vão ficar salgados.

MOLHOS E MARINADAS

Bata bem todos os ingredientes dos molhos e marinadas em um processador. Gosto de preparar em boa quantidade (sempre haverá algo para temperar) e guardar em potes.

Molho asiático (ou marinada)

1 colher (chá) de capim-limão
1 colher (chá) de pimenta-cumari
⅛ de colher (chá) de cominho-preto
1 folha de limão-taiti
2 colheres (sopa) de azeite
1 colher (sopa) de molho tamari
½ colher (chá) de açúcar de palma
um pedaço de gengibre
1 talo de coentro
1 colher (sopa) de óleo de gergelim
1 colher (sopa) de água
½ dente de alho

Molho de tahine

2 colheres (sopa) de tahine
¼ de dente de alho
1 colher (sopa) de molho tamari
2 colheres (sopa) de óleo de gergelim
2 colheres (sopa) de água
5 g de coentro

Molho perfeito para salada

1 colher (chá) de mostarda de Dijon
1 colher (sopa) de xarope de agave
3 colheres (sopa) de azeite
½ dente de alho
2 colheres (sopa) de suco de limão
1 colher (sopa) de alecrim fresco
uma pitada de sal rosa do Himalaia

Marinada apimentada

2 colheres (sopa) de suco de limão-siciliano
½ colher (chá) de páprica defumada
¼ de colher (chá) de sal
⅛ de colher (chá) de pimenta-do-reino
6 colheres (sopa) de azeite
3 folhas de hortelã

Molho de iogurte e ervas

5 g de coentro
5 g de hortelã
100 g de iogurte sem lactose
½ dente de alho
⅛ de colher (chá) de sal rosa do Himalaia
2 colheres (sopa) de água

Molho de iogurte e hortelã

50 g de iogurte sem lactose (ou de iogurte de leite de cabra)
6 folhas de hortelã
1 talo de coentro
¼ de colher (chá) de páprica defumada
¼ de dente de alho
1 colher (chá) de azeite
uma pitada de sal rosa do Himalaia

Molho agridoce de pimenta

50 ml de xarope de arroz integral
1 colher (chá) de pimenta-malagueta bem picada
¼ de colher (chá) de gengibre ralado
¼ de colher (chá) de alho bem picado
¼ de colher (chá) de capim-limão picado
1 colher (sopa) de suco de limão-taiti
½ colher (chá) de coentro picado

Misture todos os ingredientes do molho e sirva.

LANCHES

CHIPS DE COUVE COM CHOCOLATE

Esse delicioso petisco proporciona todos os benefícios de um ingrediente verde! Se não tiver desidratador, não desanime. Os chips podem ser feitos no forno. Gosto de beliscar essas iguarias durante longas viagens de avião ou de carro.

5 porções como lanche

150 g de folhas de couve
4 colheres (sopa) de cacau cru em pó
2 colheres (sopa) de xarope de agave
50 ml de óleo de coco derretido
uma pitada de sal rosa do Himalaia

Preaqueça o desidratador a 63°C. (Ou então aqueça o forno na temperatura mais baixa possível.)

Separe as folhas de couve dos talos e corte-as em pedaços de 5 cm.

No processador, em alta velocidade, bata o cacau cru em pó, o xarope de agave, o óleo de coco e o sal, até o preparo ficar homogêneo.

Em uma tigela, mergulhe com as mãos as folhas de couve no preparo de cacau, de maneira que fiquem bem cobertas, sem o preparo pingar. (Se ficarem cobertas demais, as folhas não vão secar bem e se tornarão moles em vez de crocantes.)

Deixe a bandeja de folhas untadas no desidratador por 14 horas. (No forno, deixe as folhas de couve em uma assadeira por 6-8 horas com a porta do forno entreaberta.)

Desidratadas, as folhas de couve se mantêm por 1 semana em um recipiente hermético, embora nunca durem tanto tempo na minha casa!

DADO NUTRICIONAL

A combinação de couve e cacau ajuda muito o sistema imunológico, pois tem zinco, vitamina C, ferro e selênio em abundância.

BARRA DE GRANOLA

Esse lanche muito saboroso e nutritivo, de preparo fácil e rápido, agrada a todos, inclusive crianças. Costumo me deliciar com essas barras de granola de manhã quando estou com pressa, no lanche da tarde ou em viagens curtas.

12 unidades

300 g de tâmara descascada
240 ml de água morna
120 ml de óleo de coco
1 colher (sopa) de extrato de baunilha
500 g de aveia em flocos
100 g de coco seco, ralado e não adocicado
100 g de sementes de girassol cruas
100 g de sementes de abóbora cruas
40 g de sementes de linhaça cruas

Forre uma assadeira com papel-manteiga e reserve. Demolhe as tâmaras na água morna por 20 minutos antes de batê-las com a água no processador, até obter uma pasta homogênea.

Derreta o óleo de coco em um recipiente à prova de fogo em banho-maria. Adicione o óleo de coco ao preparo do processador junto com o extrato de baunilha e bata para incorporar. Reserve.

Em uma tigela, misture a aveia, o coco seco, as sementes de girassol e de abóbora e divida o preparo em duas porções. Bata grosseiramente a primeira metade no processador, mantendo a textura dos ingredientes.

Junte esse preparo triturado ao preparo "inteiro". Acrescente o preparo molhado e misture bem até que não haja mais um único ingrediente seco. Transfira o preparo de barra para a assadeira, espalhando por igual até ficar nivelado. Polvilhe com as sementes de linhaça e pressione até aderirem ao preparo. Deixe firmar na geladeira por 2 horas.

Retire da geladeira, corte em quadrados ou retângulos e saboreie. Conserve as barras por 1 semana na geladeira em um recipiente hermético.

BALA DE PROTEÍNA ESPIRULINA

Essas deliciosas balas são perfeitas para o lanche da tarde ou após a academia, mantendo altos os níveis de energia e de capacidade de concentração. Também são ótimas para as crianças!

cerca de 15 unidades

7 figos secos
50 ml de água
suco de 2 laranjas (usaremos também as raspas, o que deve ser feito antes de espremer a fruta)
150 g de castanha-de-caju crua
50 g de sementes de chia
30 g de sementes de abóbora cruas
raspas finas de 2 laranjas
25 g de espirulina
120 ml de óleo de coco derretido em banho-maria
85 g de coco seco ralado, sem açúcar

Bata os figos, a água e o suco de laranja no processador até obter uma pasta espessa.

Bata a castanha, as sementes e as raspas de laranja no processador até obter uma textura grossa; adicione a espirulina e metade do óleo de coco derretido e bata de novo para misturar bem. Acrescente o restante do óleo de coco junto com a pasta de figo e misture de novo.

Role uma pequena porção de preparo do tamanho de uma bola de tênis de mesa e polvilhe com o coco ralado. Repita o processo com o restante do preparo e leve as balas à geladeira por 20-30 minutos. Podem ser guardadas na geladeira em recipiente hermético por 1 semana.

PESTO DE TOMATE SECO

Sinta-se na Itália com as cores e os sabores desse simples pesto. Ele melhora qualquer receita, desde uma massa sem glúten até um prato de grãos, e ainda serve perfeitamente como patê.

rende cerca de 500 g

300 g de castanha-de-caju crua
120 g de tomate seco (escorra e reserve o óleo)

Bata os dois ingredientes juntos no processador. Deve haver óleo residual suficiente no tomate para obter um preparo homogêneo, mas, se preciso, acrescente um pouco de óleo dos tomates até obter a consistência desejada.

PATÊ DE SEMENTES DE GIRASSOL

Esse delicioso e nutritivo patê é ideal para alimentar o cérebro! E é bem rápido de preparar. Seja para usar em uma salada, para comer com bolacha sem glúten ou com uma fatia do nosso Pão de quinoa (p. 95) – você logo vai se apaixonar por ele!

rende cerca de 200 g

70 g de sementes de girassol cruas
240 ml de água
1 tomate seco
suco de ¼ de limão-siciliano
uma pitada de sal rosa do Himalaia
1 colher (sopa) de azeite
½ colher (chá) de pimenta-malagueta bem fatiada
15 g de hortelã bem picada

Demolhe as sementes de girassol na água por 2 horas e escorra. Bata todos os ingredientes com o azeite e então acrescente a pimenta-malagueta e a hortelã no final.

DICA DE TASH

Se quiser uma textura mais grossa, reserve metade das sementes de girassol; bata-as grosseiramente após ter preparado o patê e misture ao preparo para obter uma textura mais pedaçuda.

DADO NUTRICIONAL

As sementes de girassol são ricas em zinco, selênio e ácidos graxos essenciais – o que as torna um alimento densamente rico em nutrientes. Esse patê constitui um lanche altamente proteico, bom para qualquer momento do dia.

NA PREGUIÇA

Anseio pelos fins de semana e férias – não há nada melhor do que relaxar entre amigos ou parentes, e com deliciosas comidas reconfortantes. Nesta seção, você vai encontrar tudo de que precisa para curtir a preguiça, mas de forma saudável! Espero que aprecie essas receitas tanto quanto eu.

CAFÉ NA CAMA

OVO POCHÉ E ESPINAFRE SOBRE TORRADA DE QUINOA

Desde que haja pão de quinoa pronto, esse prato é ideal para o café da manhã de fim de semana ou para comer "às pressas" antes de ir trabalhar.

1 porção

1 colher (sopa) de óleo de girassol
½ dente de alho ralado ou amassado
1 ovo
1 fatia de Pão de quinoa (ver abaixo)
30 g de folhas pequenas de espinafre
azeite, para servir
pimenta-do-reino moída na hora

Despeje água até 2,5 cm da beira de uma panelinha alta e leve-a para ferver.

Ao mesmo tempo, aqueça o óleo de girassol em outra panela e salteie o alho por 1 minuto.

Assim que a água ferver, diminua o fogo e quebre cuidadosamente o ovo na água. Deixe o ovo cozinhar por 3 minutos (use um *timer*); o ovo deve ficar imerso na água; se preciso, use uma colher para respingar água de cozimento sobre ele.

Enquanto isso, grelhe o pão na torradeira ou no forno.

Depois que o alho amaciar, acrescente o espinafre e deixe refogar por 30-60 segundos.

Transfira a torrada para um prato e coloque o espinafre por cima.

Com cuidado, retire o ovo da água com uma escumadeira e coloque sobre o espinafre. Regue com um pouco de azeite e tempere com pimenta-do-reino moída na hora.

Pão de quinoa

1 unidade

2½ colheres (chá) ou 1 sachê de fermento biológico seco de ação rápida
120 ml de água morna
1 colher (sopa) de xarope de agave
120 g de farinha de arroz integral
70 g de farinha de amêndoa
60 g de farinha de quinoa
60 g de farinha de trigo-sarraceno
2 colheres (sopa) de farinha de coco (ou use mais farinha de amêndoa, já que a de coco é muito cara)
40 g de quinoa em flocos, mais um pouco para polvilhar
1 colher (chá) de goma xantana
1 colher (chá) de sal marinho refinado
50 ml de azeite
3 ovos batidos
80-120 ml de água morna
75 g de tâmara descascada e picada

Primeiro, ative o fermento. Dilua-o em 120 ml de água morna e misture com o xarope de agave. Deixe descansar por 15 minutos.

Misture todas as farinhas em uma tigela grande junto com a quinoa em flocos, a goma xantana e o sal marinho. Faça uma cova no centro e coloque ali o preparo com fermento. Então, acrescente o azeite e os ovos. Aos poucos, amasse o preparo, juntando 1 colher (sopa) de água morna por vez até obter uma massa homogênea, parecida com a massa espessa de muffin. Você vai precisar de 80-120 ml de água morna. Quando a massa estiver pronta, incorpore as tâmaras.

Unte uma fôrma para pão de 23 cm e despeje a massa. Alise a superfície e polvilhe com flocos de quinoa.

Deixe a massa descansar e crescer em temperatura ambiente por 50 minutos. Após 30 minutos, preaqueça o forno a 180°C.

Asse no forno preaquecido por 55-60 minutos, até o pão ficar dourado e crocante. Tire do forno e deixe esfriar um pouco antes de retirar da fôrma.

MINHA GRANOLA FAVORITA

Existe maneira melhor de começar o dia do que com minha granola favorita? Prepare uma boa quantidade antecipadamente e coma uma tigela antes de ir trabalhar. Não há mais desculpas para sair sem comer!

rende 750 g (um vidro grande)
500 g de aveia em flocos sem glúten
4 colheres (sopa) de óleo de girassol
80 g de xarope de agave
1 colher (chá) de canela em pó
20 g de sementes de gergelim cruas
50 g de sementes de abóbora cruas
50 g de sementes de girassol cruas
85 g de amêndoa crua
100 g de damasco seco picado

Preaqueça o forno a 150°C e forre uma assadeira com papel-manteiga.

Em uma tigela grande, misture a aveia com o óleo de girassol, o xarope de agave, a canela e as sementes de gergelim.

Espalhe o preparo sobre a assadeira e leve ao forno preaquecido. Após 10 minutos, os flocos devem ficar dourados; mexa para que a aveia doure por igual. Volte a assadeira ao forno por mais 5 minutos.

Depois que a aveia dourar, espalhe as sementes e as amêndoas (inteiras ou picadas, conforme o gosto) por cima e leve para assar por 8 minutos.

Retire do forno e deixe esfriar antes de adicionar o damasco picado. Armazene em um recipiente hermético e consuma no prazo de 3 meses.

DADO NUTRICIONAL

A aveia contém um tipo específico de fibra conhecida como betaglucano, que reduz o nível de colesterol no sangue, ajudando a manter saudáveis o coração e a circulação.

MUFFIN DE NOZES E BANANA

Esses pequenos raios de sol são tão deliciosos e agradáveis que não devem ser limitados ao café da manhã – também são perfeitos para o lanche da tarde, com um dos chás da p. 256.

12 unidades

160 g de farinha de arroz
70 g de farinha de tapioca
60 g de farinha de trigo-sarraceno
2 colheres (chá) de fermento químico em pó sem glúten
½ colher (chá) de bicarbonato de sódio
½ colher (chá) de sal rosa do Himalaia
1 colher (chá) de goma xantana
½ colher (chá) de noz-moscada em pó
65 ml de óleo de girassol
120 ml de leite de arroz
340 g de xarope de agave
2 colheres (chá) de extrato de baunilha
2 ovos
5 bananas grandes, bem maduras e amassadas
120 g de nozes cruas picadas (reserve 12 nozes em pedaços grossos para decorar os muffins)

Preaqueça o forno a 170°C; enquanto isso, unte e forre com forminhas de papel uma fôrma para muffins de doze cavidades.

Misture bem com um garfo os ingredientes secos (exceto as nozes).

Bata todos os ingredientes líquidos e os ovos em um liquidificador, adicionando aos poucos os ingredientes secos até o preparo ficar homogêneo. Incorpore a banana amassada e as nozes picadas e divida o preparo entre as doze cavidades forradas da fôrma. Espalhe sobre cada muffin os pedaços de nozes reservados.

Asse no forno preaquecido por 25 minutos. Os muffins estarão prontos quando um palito espetado no centro sair limpo.

Retire os muffins do forno e deixe esfriar um pouco antes de tirá-los da fôrma.

DICA DE TASH

Aconselho comer os muffins bem frios, do contrário podem estar moles demais. Uma vez frios, eles se tornam deliciosamente quebradiços, como os muffins devem ser.

DICA NUTRICIONAL

O trigo-sarraceno é rico em ácido fólico, que equilibra o sistema nervoso, e em rutina, boa para a circulação dos vasos capilares das pernas, evitando a formação de varizes.

"NUTELLA" DE MOSES

Desenvolvi essa versão adulta da famosa Nutella para meu querido sobrinho Moses, que a adora. Atenção, pois é realmente deliciosa – sou conhecida por pegar uma colherada diretamente do vidro toda vez que preciso comer algo doce.

rende cerca de 400 g

250 g de avelã crua

4 colheres (sopa) de cacau cru em pó

4 colheres (sopa) de xarope de arroz integral

5 colheres (sopa) de leite de avelã*

* Torre 150 g de avelã crua em uma frigideira em fogo baixo, até que as cascas comecem a se soltar. Com um pano, esfregue para retirar a casca que sobrou das avelãs. Demolhe-as por 4 horas e então bata em um liquidificador com 500 ml de água filtrada. Passe por um coador de pano ou peneira fina. Adoce a gosto e conserve em geladeira por até 2 dias em um recipiente hermético.

Preaqueça o forno a 170°C. Em uma assadeira forrada com papel-manteiga, toste as avelãs por 20 minutos.

Retire do forno, deixe esfriar e role as avelãs entre as mãos para tirar a pele.

Em seguida, demolhe as avelãs na água por cerca de 30 minutos. Escorra-as e bata-as no liquidificador junto com o cacau, o xarope e o leite, até obter um preparo homogêneo.

Mantenha em um recipiente hermético – ou vidro – na geladeira e consuma em 7-10 dias.

PARIS

MÜSLI DE BIRCHER

Aproveite o domingo, ou seu tempo livre, para preparar uma boa quantidade desse müsli, garantindo o café da manhã para a semana toda. A aveia libera energia lentamente, ajudando a estabilizar o nível de açúcar do sangue o dia todo – e evitando fomes repentinas. Se for preparar o müsli para a semana toda, dobre as quantidades da receita.

2 porções

235 g de aveia em flocos sem glúten
½ colher (chá) de canela em pó
20 g de coco em lascas
2 colheres (sopa) de sementes de girassol cruas
1 colher (sopa) de sementes de abóbora cruas
75 g de uva-passa (ou figos secos, tâmaras ou damascos picados)
480 ml de água quente

Misture os ingredientes secos em uma tigela. Acrescente a água, misture mais uma vez e deixe de molho por 2 horas ou de um dia para outro na geladeira.

Se o müsli ficar espesso demais, acrescente um pouco de água; alguns tipos de aveia absorvem mais água que outros, depende do tipo que usar.

Finalize com frutas frescas de sua escolha e saboreie o resultado.

DADO NUTRICIONAL

A canela reduz as inflamações, além de ser naturalmente doce, reduzindo o inchaço – é um supernutriente que ajuda a manter a barriga lisa!

ALMOÇO EM FAMÍLIA

ASSADO DE NOZES DE SAV

Minha meia-irmã Savannah sempre foi uma ótima cozinheira, e adoro almoçar na casa dela, ainda mais quando prepara um assado de nozes. Fiz umas mudanças para adequá-lo à nossa dieta alcalina. Ela gosta de colocar queijo ralado por cima, então use algum queijo de cabra (20 g) como cobertura. Nesse caso, acrescente 5 minutos antes de retirar o prato do forno, para que o queijo tenha tempo de derreter.

4 porções

60 g de nozes cruas
60 g de amêndoa crua em lascas
60 g de amêndoa crua inteira
60 g de pinhole cru
100 g de castanha-do-pará crua
1 dente de alho
½ cebola picada
1 tomate grande picado
1 ovo (opcional; não use em um prato vegano)
suco de 1 limão-siciliano
1 colher (sopa) de vinagre de arroz integral
⅛ de colher (chá) de gengibre em pó
⅛ de colher (chá) de pimenta-da-jamaica em pó
¼ de colher (chá) de coentro em pó
¼ de colher (chá) de pasta de ameixa umeboshi
15 g de salsa picada
3 colheres (sopa) de manteiga vegana
3 cogumelos portobello grandes picados

Preaqueça o forno a 170°C e forre uma fôrma para pão de 23 cm com papel-manteiga.

Bata grosseiramente as oleaginosas, o alho, a cebola, o tomate e o ovo (opcional) juntos em um processador e transfira o preparo para uma tigela. Acrescente o suco de limão, o vinagre, o gengibre, a pimenta-da-jamaica, o coentro, a pasta de ameixa e metade da salsa e misture para incorporar.

Em uma frigideira, refogue o restante da salsa e os cogumelos picados na manteiga vegana até que os cogumelos fiquem tenros.

Despeje o preparo de nozes na fôrma, deixando-o bem compacto e disponha os cogumelos por cima. Asse no forno preaquecido por 25 minutos. Tire do forno e sirva imediatamente com ervilhas, Legumes assados (p. 109) e o molho abaixo.

Molho vegetariano

rende 850 ml

1 cebola roxa grande ou 2 pequenas
1 colher (sopa) de caldo de legumes em pó
2 ramos de alecrim
¼ de limão-siciliano
850 ml de água
1 cenoura pequena cortada em quartos
1 alho-poró pequeno cortado em pedaços grandes
1 colher (sopa) de kuzu (ou maisena)
1 colher (sopa) de água

Em uma panela média, cozinhe todos os ingredientes, menos o kuzu e a água, em fogo médio por 35-40 minutos, até os legumes ficarem macios e o líquido, reduzido.

Em uma xícara pequena, dissolva o kuzu em 1 colher (sopa) de água e misture bem até todos os grânulos absorverem a água e esta ficar leitosa.

Aos poucos, adicione o kuzu dissolvido ao molho, mexendo o tempo todo; o kuzu vai espessar lentamente o molho. Se despejá-lo de uma vez só, o molho corre o risco de ficar espesso demais; ajuste a quantidade de kuzu à consistência desejada do molho, mais rala ou mais grossa.

Sirva com ou sem os legumes cozidos (exceto o limão) no molho. Gosto de mantê-los, já que dão ao molho um sabor excepcional.

DADO NUTRICIONAL

Oleaginosas são ricas em gorduras essenciais ômega, ótimas para o coração e repletas de proteínas.

LEGUMES ASSADOS

A melhor maneira de preparar legumes assados variados é fazê-lo aos poucos, conforme a textura. Os legumes mais firmes requerem mais tempo do que os macios – veja minha dica de tempo à direita.

Gosto de assar os legumes com um fio de óleo de girassol. Experimente diferentes combinações de legumes e de ervas e temperos. Acho a combinação tradicional de alecrim ou tomilho com dentes inteiros de alho quase imbatível.

Legumes firmes – demoram 40-50 minutos
Beterraba
Cenoura
Mandioquinha
Nabo
Batata-doce
Aipo-rábano
Tupinambo
Abóbora-moranga e abóbora-cheirosa

Legumes meio macios – demoram 25-35 minutos
Erva-doce
Cebola
Alho-poró
Berinjela
Alho

Legumes macios – demoram 15-25 minutos
Pimentão
Abobrinha
Aspargo
Tomate

PESTO DE LYRA

Minha querida sobrinha Lyra, aos 4 anos, provou meu pesto durante as férias e disse que era a melhor coisa que já comera. Então, prometi que o colocaria no novo livro com o nome dela. Ela não gosta de castanha-de-caju, que troquei por pinhole, embora eu prefira a primeira; então, faça conforme o gosto! Mas, de qualquer modo, ambas as versões são realmente deliciosas.

rende 300 g

120 g de castanha-de-caju crua ou pinhole cru
100 g de folhas frescas de manjericão
50 ml de azeite
uma pitada de sal rosa do Himalaia
½ dente de alho
60 g de queijo de cabra, do tipo pecorino
suco de ½ limão-siciliano

Demolhe a castanha-de-caju em água por 30 minutos e escorra. (Não é preciso demolhar o pinhole.)

No processador em alta velocidade, bata as castanhas com o manjericão, o azeite e o sal, até obter uma pasta espessa.

Transfira o preparo para uma tigela e incorpore o alho e o queijo de cabra (ralado o mais fino possível), e então acrescente o suco de limão.

Use imediatamente ou armazene na geladeira, em um recipiente hermético; conserva-se por 7 dias. O pesto tem vários usos. É perfeito com um macarrão sem glúten, para usar como patê ou marinada.

CENOURA ARCO-ÍRIS ASSADA

Essa receita acompanha perfeitamente qualquer prato, e o molho tamari dá um toque salgado maravilhoso que dispensa outro tempero. Também fica incrível em saladas, com um leito de folhas verdes e Molho de tahine (p. 82), como complemento proteico para um almoço saboroso e saudável.

4 porções

800 g de cenouras de várias cores (ou laranja, se não encontrar cenouras de várias cores)
2 colheres (sopa) de óleo de gergelim
3 colheres (sopa) de molho tamari
1 colher (sopa) de sementes de gergelim
raspas finas de 1 limão-siciliano
30 g de cerefólio (ou salsa fresca) grosseiramente picado

Preaqueça o forno a 170°C e forre uma assadeira com papel-manteiga.

Descasque e corte as cenouras em pedaços grossos e irregulares. Em uma tigela, tempere os pedaços de cenoura com óleo de gergelim, o molho tamari e as sementes de gergelim e misture bem.

Transfira o preparo para a assadeira forrada e asse no forno preaquecido por 25 minutos.

Tire do forno. Depois que as cenouras esfriarem, polvilhe com as raspas de limão e o cerefólio ou a salsa e sirva imediatamente.

DADO NUTRICIONAL
As cenouras têm muito betacaroteno, que serve de antioxidante e lhes dá um gosto naturalmente doce.

CRUMBLE DE LEGUMES COM MOLHO CREMOSO DE TOMILHO

Se gosta de novidades, esse prato é uma ótima alternativa ao assado do domingo. É delicioso e bem satisfatório, até para quem gosta de carne!

♥♥

6 porções

Para o recheio:

20 g de manteiga de leite de cabra ou vegana
2 dentes de alho bem picados
1 alho-poró bem picado
50 g de cenoura cortada em cubos
75 g de abóbora-cheirosa assada e em cubos
100 g de aipo-rábano cortado em cubos
50 g de abobrinha cortada em cubos
50 g de cogumelos silvestres (shiitake, shimeji, portobello fresco, cogumelo salmão, cogumelo-de-paris, pleurotus) cortados em cubos
1 colher (sopa) de salsa fresca picada

Para o molho branco:

40 g de manteiga de leite de cabra ou vegana
60 g de farinha de arroz
300 ml de leite de arroz ou de cabra, não adocicado, aquecido
1 ramo de tomilho
sal rosa do Himalaia e pimenta-do-reino moída na hora, para temperar

Para o crumble:

50 g de manteiga de leite de cabra
100 g de aveia sem glúten
50 g de cevada em flocos
25 g de amêndoa em lascas
1 colher (chá) de alecrim seco
1 colher (chá) de sal rosa do Himalaia

Preaqueça o forno a 170°C.

Se não tiver preparado a abóbora-cheirosa previamente, será preciso fazer essa primeira etapa antes de começar o crumble. Para a receita, você precisa de 100 g de abóbora crua, descascada e untada com 1 colher (chá) de óleo de girassol. Asse a abóbora por 15 minutos, retire do forno e reserve.

Isso feito, prepare o recheio. Derreta a manteiga em uma frigideira em fogo médio e refogue o alho e o alho-poró por 1 minuto.

Junte a cenoura, a abóbora-cheirosa e o aipo-rábano e refogue por mais 10 minutos em fogo brando, adicionando 1 colher (chá) de água, de vez em quando, para manter a temperatura baixa. Quando os legumes começarem a ficar tenros, acrescente a abobrinha e os cogumelos e refogue ainda por 4 minutos. Reserve, enquanto prepara o molho branco.

Para o molho branco, faça numa panela um *roux* misturando a manteiga e a farinha. Adicione o leite morno aos poucos, mexendo sem parar, até o leite ser absorvido e o molho chegar à consistência desejada. Junte o ramo de tomilho e tempere a gosto.

Disponha os legumes em um prato refratário, despeje por cima o molho branco e espalhe bem. Adicione a salsa.

Finalmente, faça a cobertura do crumble. Derreta a manteiga em uma frigideira grande. Acrescente os demais ingredientes e mexa até incorporar. Tire do fogo e deixe esfriar para poder pegar o preparo com as mãos. Polvilhe o preparo de legumes com o crumble e leve ao forno preaquecido para assar por 30 minutos.

Gosto de servir o crumble logo que sai do forno, com vagem escaldada e espinafre refogado, ou com uma grande salada verde.

ARROZ-DOCE COM COCO

Esse prato tradicional precisava ser repaginado para voltar à moda, e qual seria a melhor maneira senão seguindo nossa dieta alcalina? Prometemos que não é igual àquele que talvez você tenha comido na escola! Essa versão é deliciosa e reconfortante. Aumente as quantidades para servir em um almoço de família e coma à vontade.

2 porções

70 g de arroz de grão curto integral
200 ml de leite de coco
240 ml de água
5 g de coco seco não adocicado
sementes de ½ fava de baunilha
uma pitada de noz-moscada
1 colher (sopa) de açúcar de palma
1 colher (sopa) de creme de coco* sem lactose
sementes e polpa de 1 maracujá ou xarope de tâmara e canela em pó, para finalizar

* Se não encontrar o creme de coco, substitua-o por leite de coco bem espesso.

Preaqueça o forno a 170°C.

Bata o arroz cru no processador em alta velocidade por 15 segundos, para moer um pouco os grãos – não moa muito para que eles não fiquem finos demais.

Em uma panela antiaderente, com tampa e que possa ir ao forno, despeje o arroz com metade do leite de coco e metade da água, o coco seco, as sementes da fava de baunilha, a noz-moscada e o açúcar de palma. Misture bem para incorporar. Tampe e leve a panela ao forno. Após 10 minutos, misture de novo e volte a panela tampada ao forno.

Após 20 minutos, acrescente a outra metade da água e do leite de coco, mexa bem e volte a panela tampada ao forno, mexendo a cada 10 minutos até completar 40 minutos no forno. Retire do forno e adicione o creme de coco.

Sirva quente com cobertura de maracujá ou, para uma versão mais doce, polvilhe com canela e regue com xarope de tâmara.

DICA DE TASH

Acho que o fato de utilizar uma panela antiaderente realmente mantém o arroz-doce bem molhado, sem queimar no fundo. Evite acidentes, usando luvas ou um pano ao retirar a panela quente do forno.

DADO NUTRICIONAL

O creme de coco é rico em cálcio, bom para a saúde óssea, e em zinco, ótimo para fortalecer a imunidade – devagar se vai longe!

NOITE DE CINEMA

PIPOCA CARAMELIZADA

Quando se pensa em cinema, a pipoca de algum modo vem à mente. Então, que tal prepará-la de modo diferente para uma sessão da noite? Use produtos orgânicos e não milho geneticamente modificado; alimentos geneticamente modificados não entram em nossa dieta. Agora, sente, relaxe e curta o filme.

4 porções

1 colher (sopa) de óleo de girassol
5 colheres (sopa) de milho para pipoca
75 g de açúcar de palma
160 g de xarope de agave
1 colher (sopa) de manteiga vegana
uma pitada de sal rosa do Himalaia

Preaqueça o forno a 100°C e forre uma assadeira com papel-manteiga.

Em uma panela larga com tampa, aqueça o óleo, despeje o milho, tampe e deixe o milho pipocar em fogo médio. Transfira a pipoca para uma tigela grande.

Agora, o caramelo. Em uma panela antiaderente em fogo médio, dissolva o açúcar de palma no xarope de agave. Uma vez dissolvido, acrescente a manteiga e o sal para o preparo ficar cremoso. O processo todo deve levar 5-7 minutos.

Despeje o caramelo sobre a pipoca e misture bem, cobrindo todos os grãos.

Transfira a pipoca caramelizada para a assadeira forrada e asse no forno preaquecido por 30 minutos para secar. Fique de olho para não queimar.

Sirva em uma tigela grande ou em divertidos cones de papel individuais.

DADO NUTRICIONAL

A pipoca caseira é rica em polifenóis, úteis na prevenção do câncer, e em fibras.

HAMBÚRGUER COM GERGELIM

Esses hambúrgueres vegetarianos podem enganar qualquer amante de hambúrguer de carne e são perfeitos para comer vendo um filme. Deixe as sobras em um recipiente hermético na geladeira e leve para o trabalho no dia seguinte. São ótimos servidos com molho apimentado, se gostar.

6 unidades

2½ colheres (sopa) de óleo de girassol, mais um pouco para refogar
½ cebola roxa pequena cortada em fatias finas
uma pitada de sal rosa do Himalaia
1 berinjela cortada em cubos de 1 cm
1 tomate grande cortado em fatias finas
400 g de grão-de-bico pré-cozido
½ dente de alho ralado
1 cenoura pequena ralada ou cortada em fatias bem finas
10 g de coentro picado
160 g de aveia
100 g de sementes de gergelim, para cobrir

Para o molho de iogurte:
5 g de coentro picado
raspas finas de ¼ de limão-siciliano
100 g de iogurte de leite de ovelha ou cabra (use uma versão sem lactose para uma receita totalmente vegana)

Em fogo médio, refogue a cebola com uma pitada de sal em uma frigideira com 2 colheres (sopa) de óleo de girassol. Então, acrescente a berinjela. Após 3 minutos, o óleo absorvido, adicione ½ colher (sopa) de óleo e refogue por 5 minutos, antes de juntar o tomate. Refogue por mais 2-3 minutos.

No processador, bata o grão-de-bico, o preparo de berinjela, o alho ralado e a cenoura, até obter uma pasta grossa.

Transfira para uma tigela e adicione o coentro picado e a aveia. Misture bem e, com as mãos, molde os hambúrgueres; costumo fazer hambúrgueres de 8 cm de diâmetro por 1 cm de espessura. Passe os hambúrgueres nas sementes de gergelim e toste em óleo de girassol por cerca de 1-2 minutos de cada lado, até ficarem dourados.

Prepare o molho de iogurte misturando todos os ingredientes até obter uma consistência fresca e cremosa.

Sirva os hambúrgueres com o molho de iogurte e uma farta salada verde.

DICA DE TASH

Para reduzir a quantidade de óleo na hora de refogar, deixe a berinjela de molho na água por 1 hora antes de preparar os hambúrgueres.

DADO NUTRICIONAL

O grão-de-bico é rico em fibras, que reduzem a vontade de carboidratos e o risco potencial de diabetes. É, ainda, ótima fonte de manganês, essencial para a saúde de ossos e ligamentos.

BOLINHO DE ARROZ PIPOCADO

As crianças – pequenas ou maiores – adoram esses deliciosos bolinhos doces, que podem ser preparados em um instante. Eles pipocam na boca.

20 unidades

100 g de tahine
50 ml de xarope de tâmara
2 colheres (chá) de extrato de baunilha
2 colheres (sopa) de xarope de agave
1 colher (sopa) de cacau cru em pó
½ colher (chá) de canela
raspas finas de 1 laranja
85 g de arroz pipocado* não adocicado
coco seco, não adocicado, nozes trituradas ou cacau cru ralado, para cobrir

* Se não encontrar, use cereal de arroz.

Com uma espátula, misture bem todos os ingredientes, exceto o arroz pipocado, em uma tigela grande, até obter uma pasta homogênea. Adicione o arroz pipocado e misture até o arroz ficar coberto e grudando.

Coloque 1 colher (sopa) cheia de preparo na palma da mão e role em forma de bola. Lave as mãos entre cada bola para que elas não se desfaçam.

Uma vez prontos, escolha uma cobertura a gosto ou deixe os bolinhos como são – de qualquer jeito, ficam deliciosos.

Batida de manga

Escolha uma manga bem doce para preparar essa bebida – além de suculenta, a manga é rica em vitamina C e betacaroteno, e seu sabor é muito perfumado.

RENDE 4 COPOS PEQUENOS OU 2 GRANDES

4 mangas pequenas descascadas, sem caroço
suco de 1 laranja média
suco de 2 limões-taiti
suco de 2 maçãs
1 maço pequeno de folhas de hortelã
4 doses de vodca ou gim (opcional)

Bata todos os ingredientes no liquidificador, acrescentando 2 ou 3 pedras de gelo, para diluir. Sirva imediatamente.

DICA DE TASH

Lave as mãos entre cada bolinho para o doce não desmanchar. Quanto mais quentes as mãos, mais difícil moldar os bolinhos.

DADO NUTRICIONAL

O tahine é rico em selênio, mineral que aumenta a imunidade, além de reforçar o metabolismo.

ROSQUINHA DE DERRETER NA BOCA

Feche os olhos e dê uma mordida nessas rosquinhas assadas – sim, assadas! Não são tão leves e macias como as versões vendidas em lojas, mas são fabulosas e perfeitas para uma sessão da noite. O glacê da p. 179 é uma ótima alternativa.

4-6 unidades grandes

Para as rosquinhas:
75 g de farinha de arroz integral
40 g de farinha de painço
2 colheres (sopa) de farinha de batata
2 colheres (sopa) de leite de amêndoa em pó ou leite de soja em pó
1 colher (sopa) de farinha de tapioca
½ colher (chá) de goma xantana
1 colher (chá) de fermento químico em pó
¼ de colher (chá) de sal rosa do Himalaia
100 g de açúcar de palma
50 ml de óleo de girassol
2 ovos grandes
50 ml de leite de amêndoa (p. 63)
1 colher (chá) de extrato de baunilha

Para o glacê:
70 g de açúcar de agave
2 colheres (sopa) de leite de amêndoa
½ colher (chá) de extrato de baunilha
½ colher (chá) de canela em pó

Preaqueça o forno a 170°C. Você vai precisar de uma fôrma refratária para as rosquinhas.

Misture todos os ingredientes secos (da farinha de arroz integral ao açúcar de palma) em uma tigela.

Em outra tigela, misture os ingredientes molhados (do óleo de girassol ao extrato de baunilha), até se amalgamarem. Acrescente os ingredientes secos aos ingredientes molhados e misture bem, até que todos os ingredientes fiquem incorporados. É um preparo bastante pastoso e de difícil manuseio, e a melhor maneira de transferi-lo para a fôrma é usando um saco de confeiteiro.

Despeje o preparo na fôrma para rosquinhas ou dentro de aros soltos (mantendo um buraco do tamanho de um copinho no meio). Asse por cerca de 12-15 minutos, até as rosquinhas ficarem douradas.

Enquanto isso, prepare o glacê. Em uma tigela, vá colocando o açúcar de agave, depois o leite de amêndoa, o extrato de baunilha e a canela e mexa bem até ficar homogêneo; reserve.

Retire as rosquinhas do forno e deixe esfriar totalmente. Pincele o glacê sobre os doces. As rosquinhas ficam melhores se comidas no mesmo dia – o que, para mim, nunca foi um problema!

DADO NUTRICIONAL

O painço é um dos grãos mais ricos em nutrientes como triptofano e magnésio, que ajudam a melhorar o humor.

NOITES DE DOMINGO EM CASA

BOLINHO TANDOORI

Uma maneira bem saudável de provar os sabores do jeito indiano de cozinhar com tandoori. Gosto de servir esses bolinhos como tira-gosto. Numa opção vegana, troque o iogurte por uma versão sem lactose.

3 porções ou 9 unidades

Para o tempero tandoori:
1 colher (chá) de cúrcuma
1 colher (chá) de pimenta-de-caiena
1 colher (chá) de coentro em pó
1 colher (chá) de gengibre em pó
1 colher (chá) de sementes de erva-doce
1 colher (chá) de páprica doce
1 colher (chá) de cominho em pó
uma pitada de sal rosa do Himalaia

Para os bolinhos:
40 g de tofu
100 g de farinha de amêndoa
15 g de coentro picado

Para o molho:
120 g de iogurte de leite de cabra ou ovelha
suco de ½ limão-taiti
½ colher (sopa) de vinagre de arroz
½ dente de alho

Preaqueça o forno a 170°C e forre uma assadeira com papel-manteiga.

Para o tempero tandoori, misture as especiarias e o sal em uma tigela rasa e reserve.

Em outra tigela, esfarele o tofu com as mãos e acrescente a farinha de amêndoa [reserve 2 colheres (sopa) para empanar]. Adicione 2 colheres (sopa) de tempero tandoori e o coentro picado e misture bem para incorporar.

Role o preparo em bolinhos do tamanho de bolas de tênis de mesa e passe-os no restante do tempero tandoori (guarde a sobra para usar na hora de servir), e de novo na farinha de amêndoa. Distribua os bolinhos na assadeira forrada e asse no forno preaquecido por 15 minutos, ou até eles ficarem dourados e crocantes.

Para fazer o molho, misture todos os ingredientes em uma tigela pequena.

Sirva os bolinhos tandoori quentes ou frios com o molho de iogurte e a sobra de tempero tandoori.

DICA DE TASH

Se achar o preparo molhado demais, acrescente mais amêndoas em pó para ajudar a firmar os bolinhos.

DADO NUTRICIONAL

A cúrcuma, a pimenta-de-caiena, o coentro e as sementes de erva-doce aumentam a imunidade, melhoram o metabolismo e têm nutrientes que ajudam a digestão – viva o poder das especiarias asiáticas!

LEGUMES ASSADOS COM MASALA

Adoro comida indiana, mas, às vezes, não quero comer curry – então, essa é uma maneira mais leve de desfrutar os sabores indianos. Fica perfeita com salada ou como acompanhamento de dhal.

4 porções como acompanhamento

Para a primeira assadeira:

½ abóbora-cheirosa pequena (180 g) descascada e cortada em pedaços de 2 cm x 3 cm
2 beterrabas médias (180 g) descascadas e cortadas em pedaços de 1 cm x 2 cm
1 batata-doce média (180 g) descascada e cortada em pedaços de 2 cm x 3 cm
½ colher (chá) de garam masala
¼ de colher (chá) de páprica defumada
2 colheres (chá) de kümmel
¼ de colher (chá) de sal rosa do Himalaia
1 colher (sopa) de óleo de girassol

Para a segunda assadeira:

1 abobrinha (180 g) aparada e cortada em pedaços de 2 cm x 3 cm
1 pimentão vermelho grande (150 g) cortado em cubos de 2 cm
1 cebola roxa
¼ de colher (chá) de noz-moscada
3 ramos de tomilho
¼ de colher (chá) de sal rosa do Himalaia
1 colher (sopa) de óleo de girassol

Para servir:

10 g de coentro (ou outras ervas)
raspas finas de ½ limão-siciliano

Preaqueça o forno a 180°C; você vai precisar de duas assadeiras grandes.

Prepare a primeira assadeira. Coloque os legumes picados em uma tigela com as especiarias, o sal e o óleo. Misture muito bem com as mãos e transfira para a assadeira. Asse no forno preaquecido por 20 minutos.

Prepare os legumes da segunda assadeira, misturando-os em uma tigela com as especiarias, as ervas, o sal e o óleo. Asse por 15 minutos junto com a outra assadeira de legumes.

Uma vez assados, misture todos os legumes em um prato de servir (ou sirva separadamente, se preferir). Polvilhe com algumas ervas frescas picadas – o coentro combina bem –, acrescente as raspas de limão e misture tudo.

Procure sempre variar os legumes, conforme os que encontrar, pois eles ficam muito saborosos quando temperados com especiarias.

DADO NUTRICIONAL

A beterraba é uma rica fonte de ferro e vitamina C, e também de magnésio – ótimo para acalmar e relaxar a mente.

"RISOTO" DE QUINOA E COGUMELOS SILVESTRES

Foi por acidente que em um domingo desses, por não ter arroz integral para fazer um risoto, usei quinoa e criei esse prato delicioso. Não hesite em provar outros legumes ou usar aqueles disponíveis no momento.

3-4 porções

1 colher (sopa) de óleo de girassol
3 dentes de alho fatiados
600 ml de água fervente, mais 50 ml
1 colher (sopa) de caldo de legumes em pó
250 g de quinoa
200 g de cogumelos silvestres (shiitake, shimeji, portobello fresco, cogumelo salmão, cogumelo-de-paris, pleurotus), alguns inteiros, outros fatiados ou em cubos
3 colheres (sopa) de manteiga vegana
20 g de queijo de cabra duro, ralado
10 g de salsa picada

Em uma panela em fogo médio, refogue 1 dente de alho no óleo de girassol por 1 minuto, até ficar macio.

Prepare o caldo diluindo o caldo de legumes em pó em 600 ml de água fervente e acrescentando à panela junto com a quinoa. Após 5 minutos, adicione metade dos cogumelos e continue cozinhando em fogo médio, mexendo com frequência.

Em outra panela, derreta 1 colher (sopa) de manteiga vegana e adicione os 2 dentes de alho restantes. Refogue o alho até dourar, acrescente os cogumelos restantes e continue refogando por mais 3-4 minutos, até ficarem macios e dourados. Retire do fogo.

Após 10 minutos de cozimento, a quinoa deve ter absorvido toda a água – continue mexendo e então acrescente 50 ml de água fervente. Vá mexendo sem parar, como faria em um risoto comum. Após mais 20 minutos, adicione o queijo de cabra ralado e deixe derreter. Retire a panela do fogo e tampe. Reserve por 5 minutos.

Em uma panela pequena, derreta o restante da manteiga vegana, adicione a salsa e misture bem.

Na hora de servir, junte os cogumelos refogados ao risoto e, finalmente, despeje por cima a manteiga com salsa.

DICA DE TASH

Experimente outro sabor trocando os cogumelos por aspargos e limão-siciliano.

DADO NUTRICIONAL

A quinoa é de fato uma semente e não um grão, rica em proteínas e ômega-3, sendo uma boa fonte de energia, ao passo que os cogumelos aumentam a imunidade.

ESPAGUETE À BOLONHESA DE SIENNA

Quando crianças, minha meia-irmã Sienna e eu costumávamos comer uma tigela de espaguete após as aulas, e era a primeira coisa que pedíamos nas férias. Ainda hoje, esse é um dos meus pratos prediletos, por isso criei essa versão vegetariana para nós desfrutarmos juntas.

6 porções

850 ml de água
1 ½ colher (sopa) de caldo de legumes em pó
2 colheres (sopa) de óleo de girassol, mais um pouco para regar
1 cebola grande picada
1 cebola roxa bem picada
2 dentes de alho bem picados
100 ml de água
8 tomates-holandeses picados (vêm em cachos)
2 folhas de louro
1 colher (sopa) de cominho
½ berinjela cortada em cubos de 2 cm
190 g de lentilha de puy
1 colher (chá) de vinagre balsâmico
1 colher (chá) de molho tamari
uma pitada de sal rosa do Himalaia
500 g de espaguete sem glúten

Primeiro, prepare o caldo misturando a água fervente com o caldo de legumes em pó em uma panela. Depois que o caldo em pó dissolver por completo, reserve.

Em uma panela larga, refogue as cebolas e o alho no óleo de girassol em fogo médio por 2–3 minutos. Adicione 50 ml de água e deixe refogar até a cebola absorver a água – isso feito, acrescente a água restante.

Em seguida, junte os tomates e as folhas de louro e refogue por 2 minutos. Adicione 250 ml de caldo e o cominho e continue cozinhando em fogo médio por 10 minutos. Acrescente a berinjela junto com mais 300 ml de caldo. Após 5 minutos, adicione as lentilhas de puy com 300 ml de caldo e o vinagre balsâmico.

Deixe cozinhar por mais 20 minutos e acrescente o molho tamari. Adicione mais sal, se preciso.

Retire as folhas de louro e sirva o molho de lentilhas com espaguete sem glúten.

DICA DE TASH

Se quiser um molho mais líquido, acrescente 120 ml de suco de tomate ao retirar a panela do fogo.

DADO NUTRICIONAL

As lentilhas de puy (originárias de Puy, povoado do sul da França) são fonte de ferro e fibras, regulam o intestino e previnem problemas digestivos.

BOLO DE CARAMELO E CREME INGLÊS

Se está procurando algo divino e intenso, experimente essa receita. Além de ser uma de minhas sobremesas prediletas, é muito fácil de fazer. Saboreie com a família ou amigos, mas lembre-se de comer com moderação!

rende 8-10 fatias

Para o bolo:
40 g de castanha-de-caju crua (opcional)
100 g de manteiga vegana
70 g de açúcar de palma
100 g de xarope de arroz
2 ovos batidos
50 ml de água morna
130 g de farinha de arroz
50 g de maisena
1 colher (chá) de fermento químico em pó
1 colher (chá) de bicarbonato de sódio
200 g de tâmara sem caroço
120 ml de água
1 colher (sopa) de cacau cru em pó

Para o creme inglês:
500 ml de leite de soja
2 colheres (chá) de extrato de baunilha
2 colheres (sopa) de xarope de agave
2 ovos
uma pitada de noz-moscada
2 colheres (sopa) de maisena ou kuzu
1 colher (sopa) de água fria

Para a calda de caramelo:
85 g de manteiga vegana
85 g de açúcar de palma
170 g de xarope de arroz

Preaqueça o forno a 180°C. Enquanto isso, unte e forre uma fôrma redonda para bolo de 21 cm de diâmetro com papel-manteiga. Demolhe na água as castanhas-de-caju por 30 minutos e escorra.

Em uma panela em fogo brando, derreta a manteiga, o açúcar e o xarope de arroz. Deixe esfriar até poder tocar com o dedo sem se queimar. Junte os ovos (se estiver quente demais, eles vão cozinhar) e 50 ml de água morna e mexa bem até incorporar.

Misture a farinha e a maisena com o fermento e o bicarbonato de sódio em uma tigela.

Bata no processador, com 120 ml de água, as tâmaras e as castanhas-de-caju, até obter uma pasta homogênea. Adicione o cacau e bata de novo. Transfira para a panela do preparo de ovos e manteiga e misture bem. Incorpore os ingredientes secos. Despeje o preparo na fôrma forrada e asse no forno preaquecido por 30 minutos, ou até a lâmina de uma faca espetada no centro sair limpa.

Enquanto o bolo assa, prepare o creme inglês. Em uma panela em fogo médio, esquente o leite com o extrato de baunilha e o xarope de agave. Leve quase até o ponto de fervura e retire do fogo. Bata os ovos e a noz-moscada em uma tigela até incorporar. Despeje o leite quente no preparo de ovos e mexa bem. Volte esse preparo à panela e cozinhe em fogo brando por 10 minutos, mexendo com uma colher de pau, até o creme espessar e cobrir o dorso da colher. Misture a maisena com 1 colher (sopa) de água fria e incorpore ao creme. Continue mexendo até espessar bem. Retire do fogo e transfira de volta para a tigela. Mexa para esfriar um pouco e homogeneizar. Se talhar, passe o creme em uma peneira. Está pronto para usar. (Se preparar com antecedência, cubra o creme com filme de PVC para evitar que se forme uma película.)

Retire o bolo do forno. Deixe esfriar na fôrma por 10-15 minutos antes de desenformar.

Para a calda de caramelo, esquente todos os ingredientes em uma panela em fogo médio. Sirva o bolo regado com a calda e o creme.

NO MEIO DO REBULIÇO

Quem não gosta de festas e reuniões comemorativas? Eu adoro. Seja um aniversário de crianças ou adultos, seja um encontro em um dos vários eventos que marcam nosso calendário (Páscoa, Natal, Dia das Bruxas...), esta seção vai lhe apresentar receitas inspiradoras para celebrar com estilo e de maneira bem saudável.

FESTA INFANTIL

PICOLÉ DE FRUTAS

Combine os sabores conforme o gosto e prepare esses deliciosos picolés bem veranis. Basta fazer purês de frutas e congelar nos moldes. Procure misturar sabores e criar novas combinações.

6-8 unidades

4 damascos maduros sem caroço
65 ml de água alcalina ou filtrada

3 kiwis descascados
10 g de hortelã
65 ml de água alcalina ou filtrada

150 g de mirtilo
100 ml de iogurte de leite de cabra

400 g de morango
65 ml água alcalina ou filtrada

1 banana
20 g de castanha-de-caju crua
100 ml de água alcalina ou filtrada

400 g de abacaxi
80 ml de água alcalina ou filtrada

Bata no liquidificador os ingredientes de todos os sabores até obter vários purês. Prepare cada sabor separadamente para ter uma paleta de escolhas. Enxágue o liquidificador entre cada preparo.

Transfira os purês para os moldes, criando assim múltiplas camadas saborosas. Leve ao freezer por 3-4 horas e saboreie!

GELATINA TRÊMULA

Todo mundo gosta de gelatina (mesmo os adultos, embora em forma de drinques!), e essas à base de frutas são realmente saborosas. Adicione a elas flores comestíveis para obter um prato lindo e delicado. Não há nada melhor do que preparar gelatinas frescas caseiras mudando sabores e cores conforme as frutas e as estações. Costumo fazer os sucos, mas você pode usar sucos frescos prontos ou sucos puros não adocicados. Também já constatei que funciona com chá.

4-6 porções

500 ml de suco ou líquido
4 colheres (chá) de ágar-ágar em flocos

Em uma panela, coloque o suco e o ágar-ágar para ferver, mexendo sem parar até o ágar-ágar dissolver por completo, o que pode levar cerca de 5 minutos. Uma espuma branca deve se formar na superfície do líquido, o que é normal; verifique apenas se não há mais grânulos de ágar-ágar.

Peneire o preparo duas vezes antes de transferi-lo para as forminhas ou as tigelas de sua preferência. Algumas fôrmas podem criar problemas na hora de desenforma as gelatinas. Nesse caso, forre as fôrmas com filme de PVC ou use copos transparentes, nos quais as gelatinas ficam bem bonitas.

Leve à geladeira por 2-3 horas ou, melhor ainda, de um dia para outro. Sirva as gelatinas bem geladas.

DICA DE TASH

Nossas gelatinas prediletas são de framboesa e maçã; morango e limão; laranja, maçã e chá-verde; uva branca e maracujá; e cranberry e maçã.

ROLINHO DE FRUTAS

Volte no tempo e saboreie esse doce retrô – e natural. As crianças adoram, assim como os adultos, e ele é perfeito para comer sem culpa.

20 unidades (10 de cada cor)

Rolinho laranja:
150 g de manga
100 g de pêssego
¼ de colher (chá) de água de flor de laranjeira

Rolinho vermelho:
140 g de morango
1 colher (chá) de xilitol

Bata no liquidificador a manga, o pêssego e a água de flor de laranjeira em um purê homogêneo.

Espalhe o purê sobre uma bandeja de desidratador e desidrate-o por 5 horas a 40°C. (Se não tiver desidratador, não se desespere. Cozinhe o preparo no forno, na temperatura mais baixa e com a porta aberta, por 5-6 horas ou até ter "aparência de couro".)

Em seguida, bata os morangos com o xilitol. Espalhe o purê sobre a bandeja do desidratador e leve para desidratar por 5 horas a 40°C.

Retire do desidratador, corte em tiras de 2,5 cm de largura e enrole. Guarde os rolinhos em recipiente hermético.

COOKIE DE UVA-PASSA E AVEIA

Esses cookies não são apenas para as crianças, e sim também para um lanche com chá. Mas cuidado – de tão saborosos, eles chegam a viciar!

12-16 unidades

475 g de farinha de arroz
2 colheres (chá) de bicarbonato de sódio
2 colheres (chá) de canela em pó
1 colher (chá) de gengibre em pó
1 colher (chá) de noz-moscada em pó
935 g de aveia
225 g de manteiga vegana
500 g de açúcar de palma
4 ovos batidos
2 colheres (chá) de extrato de baunilha
290 g de uva-passa

Preaqueça o forno a 180°C e forre uma assadeira com papel-manteiga.

Em uma tigela, misture bem a farinha, o bicarbonato de sódio, as especiarias e a aveia.

Em outra tigela, bata a manteiga, o açúcar, os ovos e o extrato de baunilha. (Não se preocupe se o preparo não ficar homogêneo, isso vai se resolver quando você incorporar os ingredientes secos.)

Misture os ingredientes secos aos ingredientes molhados e acrescente as uvas-passas. Adicione mais uvas-passas ou aveia caso o preparo pareça úmido demais; porém, ele deve ficar um pouco grudento. Coloque colheres (sopa) do preparo na assadeira, deixando 2,5 cm entre cada uma, achatando levemente a massa.

Asse por 10-15 minutos, retire do forno e transfira para uma grade de metal, para esfriar em temperatura ambiente.

DICA DE TASH

Para uma versão mais elaborada, adicione algumas gotas de chocolate vegano sem açúcar ou de sementes de abóbora ou girassol.

CUPCAKE

Todo mundo gosta de cupcake, e esses doces leves e individuais podem facilmente ser assados como um único bolo. O glacê precisa ser feito na véspera, mas os cupcakes são rápidos de preparar. E por que não experimentar com o creme da torta de banana (p. 171), o glacê do boneco de gengibre (p. 179) ou o glacê de chocolate (p. 161)? Eles combinam muito bem com as delícias desta página!

♥

18 unidades

300 ml de leite de arroz
3 colheres (sopa) de vinagre de maçã
75 g de farinha de aveia (ou bata sua própria aveia em farinha)
140 g de farinha de arroz integral
70 g de farinha de tapioca
1 colher (chá) de goma xantana
1 colher (chá) de bicarbonato de sódio
1 colher (chá) de fermento químico em pó
3 colheres (sopa) de cacau cru em pó
⅛ de colher (chá) de sal rosa do Himalaia
210 g de manteiga vegana
100 g de xarope de agave
235 g de açúcar de palma
2 ovos
3 colheres (sopa) de iogurte de soja
1 colher (chá) de extrato de baunilha
80 ml de suco de beterraba

Preaqueça o forno a 180°C e forre duas fôrmas para muffin de doze cavidades cada com dezoito forminhas de papel.

Primeiro, misture o leite de arroz com o vinagre de maçã. Não mexa; deixe o leite "fermentar" por 15 minutos. Isso vai substituir o creme de leite.

Misture as farinhas, a goma xantana, o bicarbonato de sódio, o fermento em pó, o cacau em pó e o sal em uma tigela grande.

Bata a manteiga com o agave e o açúcar de palma até obter um preparo leve e fofo; junte os ovos, o iogurte de soja, o extrato de baunilha e o creme de leite de arroz. Bata até ficar tudo bem incorporado.

O preparo pode parecer pouco homogêneo, mas não se preocupe; incorpore lentamente o preparo seco ao preparo molhado (com uma colher de pau ou uma batedeira manual), até obter um resultado homogêneo. Por fim, adicione o suco de beterraba.

A massa deve ter uma textura de musse. Despeje 2 colheres (sopa) cheias de preparo em cada cavidade forrada das fôrmas e asse por cerca de 20-25 minutos no forno preaquecido.

Tire do forno e deixe esfriar completamente antes de aplicar o glacê.

Glacê muito saboroso para cupcakes

♥♥

rende o suficiente para 18 cupcakes

360 ml de óleo de coco
360 ml de leite de arroz
60 g de leite em pó sem lactose (amêndoa ou soja)
50 g de xarope de agave
30 g de farinha de coco
1 colher (sopa) de extrato de baunilha
1 colher (sopa) de suco de limão-siciliano

Derreta o óleo de coco em banho-maria e reserve.

No liquidificador, bata o leite de arroz, o leite em pó, o agave, a farinha de coco e o extrato de baunilha, até obter um preparo homogêneo e macio. Então, adicione os corantes. Para obter glacês de várias cores use: suco de beterraba para rosa, espirulina ou clorofila para verde e cúrcuma para amarelo. Acrescente o corante aos poucos, enquanto bate até chegar à cor desejada.

Então, adicione devagar o óleo de coco levemente esfriado e o suco de limão e mexa bem. Transfira o preparo para uma tigela e deixe na geladeira de um dia para o outro.

Enquanto os cupcakes esfriam, tire da geladeira a tigela de glacê e deixe-o amolecer um pouco para ficar mais fácil e prático enfeitar os cupcakes.

DIA DAS BRUXAS

SOPA DE BETERRABA

Sirva essa entrada vermelha como sangue para os seus convidados no Dia das Bruxas – a cor dela é simplesmente maravilhosa, e o sabor, divino.

6-8 porções (depende do modo de servir, como entrada ou prato principal)

1 colher (sopa) de caldo de legumes em pó
600 ml de água fervente
1 kg de beterraba
2 cebolas
1 dente de alho
1 colher (sopa) de óleo de girassol
1 colher (chá) de ervas secas mistas (por exemplo, tomilho, orégano e alecrim)
1 colher (chá) de sementes de erva-doce
800 ml de leite de coco
1 colher (chá) de pasta de ameixa umeboshi
1 colher (sopa) de vinagre de maçã
20 g de folhas de estragão

Dilua o caldo em pó em água fervente para fazer um caldo de legumes, mexendo bem. Reserve.

Descasque e pique a beterraba em cubos de 2 cm. Pique bem a cebola e o alho.

Em uma panela em fogo brando, refogue a cebola e o alho no óleo de girassol, acrescentando as ervas mistas e as sementes de erva-doce.

Quando a cebola estiver macia, adicione a beterraba em cubos e o caldo de legumes. Leve à fervura e deixe cozinhar em fogo baixo por 20 minutos, antes de acrescentar o leite de coco e cozinhar por mais 15 minutos.

Tire a panela do fogo e deixe esfriar por 10 minutos antes de bater a sopa no liquidificador até obter um creme homogêneo.

Adicione a pasta de ameixa umeboshi, o vinagre e metade do estragão e bata de novo.

Sirva a sopa bem quente e decore com o restante do estragão, conforme o gosto.

DICA DE TASH

Para uma versão rápida dessa sopa, use beterraba pré-cozida e, após seguir os primeiros passos da receita, deixe ferver por apenas 5-10 minutos.

DADO NUTRICIONAL

O vinagre de maçã ajuda a estimular o ácido gástrico, de modo que o estômago possa quebrar bem os alimentos, favorecendo a absorção de nutrientes no intestino.

RISOTO DE ABÓBORA E LARANJA

O Dia das Bruxas sempre remete às abóboras, que adoro. Seu sabor doce realça maravilhosamente qualquer prato, como no caso desse risoto. O purê bem macio de abóbora combina divinamente com o risoto de arroz integral (e não se preocupe: se você não tiver arroz integral para risoto, use um arroz integral de grão curto).

4 porções

Para o purê de abóbora:
300 g de abóbora-moranga descascada e cortada em pedaços
1 ramo de alecrim
1 colher (sopa) de óleo de girassol

Para o risoto:
1 colher (chá) cheia de caldo de legumes em pó
2 litros de água
1 anis-estrelado
4 colheres (chá) de óleo de girassol
100 g de cebola bem picada
1 dente de alho bem picado
1 colher (chá) de zaatar
140 g de arroz integral para risoto
80 ml de suco de laranja fresco
360 ml de purê de abóbora
limão-siciliano espremido, para servir
15 g de folhas de salsa ou coentro picadas, para decorar

Para a cebola caramelizada:
4 colheres (chá) de óleo de girassol
2 cebolas roxas pequenas picadas
1 colher (chá) de vinagre balsâmico
4 colheres (chá) de molho tamari

DADO NUTRICIONAL

A abóbora é rica em betacaroteno – importante antioxidante que ajuda a evitar infecções estomacais e protege a parede intestinal.

Preaqueça o forno a 180°C. Primeiro, faça o purê de abóbora. Tempere os pedaços de abóbora com o alecrim e o óleo de girassol, transfira para uma assadeira e leve ao forno por 30 minutos. Tire do forno e bata o preparo em um processador até que fique homogêneo. Reserve.

Em uma panela, dilua o caldo em pó em água fervente junto com o anis-estrelado. Depois que o caldo diluir, tire do fogo e reserve.

Em uma panela em fogo brando, refogue a cebola e o alho no óleo de girassol. Acrescente o zaatar e o arroz e mexa bem por 1 minuto. Então, adicione aos poucos o caldo ao arroz, cerca de 150 ml de cada vez, mexendo sem parar. Assim que o arroz absorver o líquido, derrame mais água.

Enquanto isso, caramelize a cebola. Em uma panela em fogo brando, refogue a cebola até ficar transparente. Junte o vinagre balsâmico e o molho tamari e refogue por 12 minutos, sem deixar queimar.

Assim que o líquido tiver sido absorvido, acrescente o suco de laranja e o purê de abóbora. Continue mexendo por mais 5 minutos; se ficar espesso demais, adicione 1-2 colheres (sopa) de água. Esprema um pouco de suco de limão por cima e decore com a salsa ou o coentro e a cebola caramelizada.

Quentão

Há inúmeros benefícios antioxidantes no vinho tinto, mais do que no branco. Esse quentão do Dia das Bruxas (ou para outra ocasião do outono ou inverno) é nutritivo e relaxante!

RENDE 4 COPOS PEQUENOS OU 2 GRANDES

1 garrafa de vinho tinto (do tipo Chianti Clássico)
suco de 1 laranja e 1 limão-siciliano
4 anises-estrelados
1 pau de canela
5-6 cravos (opcional – nem todo mundo gosta)
1 laranja cortada em meias-luas, para o visual!

Em uma panela de fundo grosso em fogo brando, esquente bem todos os ingredientes, para que os sabores se misturem, pelo menos 1 hora antes de servir. Duplique ou quadruplique todos os ingredientes para uma festa! Prove a temperatura no dorso de uma colher de pau. Sirva quente, mas não demais.

SALADA ASIÁTICA DE MANGA, CENOURA E COENTRO

Caso se canse dos doces típicos do Dia da Bruxas, experimente essa salada asiática. É crocante, doce e ácida e serve tanto de prato principal como de acompanhamento; dobre as quantidades se for receber amigos. Sirva com uma salada mista de folhas verdes para realçar os sabores do prato.

2 porções como salada ou 4 como acompanhamento

250 g de cenoura
160 g de manga
¼ de colher (chá) de sementes de cominho-preto
½ colher (chá) de sementes de gergelim cruas
raspas finas de 1 limão-taiti
10 g de coentro bem picado

Primeiro, prepare o Molho agridoce de pimenta seguindo as instruções da p. 82.

Descasque e rale a cenoura. Descasque e corte a manga em fatias finas.

Toste as sementes de cominho-preto e de gergelim em uma frigideira sem óleo até as sementes de gergelim começarem a dourar.

Deixe todos os ingredientes da salada separados até a hora de servir. Então, misture todos eles em uma tigela com 2 colheres (sopa) de molho agridoce de pimenta e sirva imediatamente.

DICA DE TASH

Se for apresentar essa salada em um jantar, espere a hora de servir para colocar o molho; caso contrário, os legumes podem murchar rapidamente.

DADO NUTRICIONAL

A manga é rica em magnésio, mineral que frequentemente falta em caso de estresse ou cansaço. Então, não deixe de comer manga!

FESTA DE ANIVERSÁRIO

BOMBOM DE CHOCOLATE BRANCO E ROSA

Os jogos e as conversas farão uma pausa e todos ficarão boquiabertos quando você apresentar uma bandeja desses incríveis bombons. Além do mais, podem ser congelados, então faça uma boa quantidade e mantenha uma porção no freezer. São ótimos para servir após o jantar ou para os amigos. Uma perfeita sobremesa preparada com antecedência!

24 unidades

Para o recheio:

75 g de tâmara sem caroço
1½ colher (sopa) de cacau cru em pó
40 g de noz-pecã crua

Para o chocolate "branco":

60 g de castanha-de-caju crua
200 g de manteiga de cacau cru
sementes de 1 fava de baunilha
1½ colher (sopa) de açúcar de agave
24 botões ou pétalas de rosa secos (um por bombom)

Primeiro, prepare o recheio. Demolhe as tâmaras em água morna por 30 minutos e escorra. Bata-as com o cacau e as nozes-pecãs no processador (as nozes devem ficar em pedaços pequenos). Reserve.

Para o chocolate "branco", demolhe as castanhas-de-caju por 30 minutos em água e escorra. Derreta a manteiga de cacau em banho-maria, acrescente as sementes de baunilha e deixe esfriar por cerca de 10 minutos.

Bata no liquidificador a manteiga de cacau derretida junto com as castanhas-de-caju e o açúcar de agave, até obter um preparo bem homogêneo – agora o chocolate "branco" está pronto. (Bata em alta velocidade para triturar bem as castanhas. Outra solução é comprar o mesmo peso de manteiga de castanha-de-caju branca e bater essa manteiga com a de cacau e o açúcar de agave.)

Em uma fôrma de silicone para gelo ou em um molde para chocolate, preencha as 24 cavidades com preparo de chocolate suficiente para cobrir o fundo; não coloque demais, pois você precisa rechear os bombons. Leve ao freezer por 15 minutos para firmar.

Tire do freezer e acrescente cerca de ⅛ de colher (chá) de recheio no centro de cada cavidade, então despeje mais chocolate branco por cima, de modo a cobrir totalmente o recheio. Coloque um botão de rosa em cada bombom e leve de volta ao freezer por mais 30 minutos para firmar.

Tire os bombons da fôrma e veja seus convidados se deliciarem.

BOLO DE LARANJA E AMÊNDOA COM CALDA DE LARANJA E GLACÊ DE CHOCOLATE

Esse bolo leve e aerado é um dos mais simples de fazer e fica perfeito em aniversários. Se quiser uma versão menos doce, opte por servir o bolo com creme de amêndoa e baunilha (à direita) em vez de usar o delicioso glacê de chocolate.

8 porções

Para o bolo:
6 ovos
200 g de xarope de arroz integral ou xarope de agave
raspas finas de 3 laranjas grandes
150 g de farinha de amêndoa

Para a calda de laranja:
suco de 3 laranjas grandes
3 colheres (sopa) de xilitol ou de xarope de arroz integral

Para o glacê de chocolate:
500 g de cream cheese de tofu (p. 171)
220 g de xarope de agave
30 g de cacau cru em pó

Preaqueça o forno a 170°C e unte uma fôrma redonda de fundo removível de 23 cm de diâmetro com manteiga vegana ou óleo de girassol.

Separe os ovos e coloque as claras em uma tigela grande e as gemas em outra. Bata bem as gemas, adicionando o xarope e, em seguida, as raspas de laranja e a farinha de amêndoa. Misture tudo para incorporar.

Bata as claras em neve firme. Incorpore delicadamente as claras no preparo de gemas com laranja. Despeje o preparo na fôrma (ele é mole) e asse no forno preaquecido por 40 minutos. Verifique a cor da superfície do bolo; se dourar rápido demais, cubra com papel-alumínio para evitar que queime.

Enquanto o bolo assa, faça a calda. Esquente todos os ingredientes em uma panela em fogo médio até obter uma calda espessa e reserve.

Retire o bolo do forno e espete a superfície com um palito; derrame boa parte da calda de laranja sobre o bolo ainda quente – reserve um pouco de calda para usar fria na finalização.

Enquanto o bolo esfria em temperatura ambiente, prepare o glacê de chocolate. Com uma espátula, bata o cream cheese de tofu em uma tigela, acrescente o agave e o cacau e continue batendo até o preparo ficar homogêneo e macio. Adicione a calda reservada de laranja e espalhe o glacê sobre toda a superfície do bolo. Fatie e sirva.

VARIAÇÃO: Bolo de laranja e amêndoa com calda de laranja e creme de amêndoa e baunilha

Para o creme de amêndoa e baunilha:
225 g de amêndoa descascada
240 ml de água
sementes de ½ fava de baunilha, ou ½ colher (chá) de extrato de baunilha
1 colher (chá) de xarope de arroz integral

Antes de começar a receita (à esquerda), demolhe as amêndoas na água por 1 hora e reserve.

Faça o bolo e a calda de laranja como mencionado à esquerda e acima, até molhar o bolo com a calda de laranja.

Enquanto o bolo esfria, escorra as amêndoas e bata no liquidificador com a água medida. Quando o preparo estiver homogêneo, acrescente as sementes ou o extrato de baunilha e bata de novo.

Sirva uma colherada de creme de amêndoa e baunilha com uma fatia de bolo.

CHEESECAKE CRU DE MANGA E COCO

Esse doce saudável tem um sabor muito agradável. Funciona bem com outras frutas; experimente substituir a manga pelo mesmo peso de framboesas e você vai apreciar um lindo cheesecake rosa.

8 porções

Para a base:

100 g de farinha de amêndoa
¼ de colher (chá) de sal rosa do Himalaia
75 g de tâmara bem picada sem caroço
½ colher (chá) de raspas finas de limão-taiti
½ colher (chá) de gengibre em pó

Para o recheio:

225 g de castanha-de-caju crua
1 colher (sopa) de raspas finas de limão-taiti (cerca de 1½ limão)
50 ml de suco de limão-taiti
50 ml de óleo de coco derretido em banho-maria
80 ml de água de coco
2 colheres (sopa) de extrato de baunilha (ou sementes de 2 favas de baunilha)
½ colher (chá) de levedura em flocos
1 manga grande e bem madura (cerca de 250 g), fatiada

Para a cobertura:

1 manga pequena fatiada
coco fresco ralado, ou seco, não adocicado

Forre uma fôrma redonda para bolo de 20 cm de diâmetro com filme de PVC. Demolhe as castanhas-de-caju na água por 30 minutos e escorra.

Em uma tigela, misture a farinha de amêndoa com o sal. Com as mãos, adicione e misture as tâmaras, as raspas de limão e o gengibre, apertando até que se torne uma massa. Esfarele o preparo com os dedos até obter a consistência de migalhas.

Espalhe o preparo no fundo da fôrma forrada, deixando a lateral um pouco mais espessa. Então, pressione as migalhas de massa na base e na lateral até formar a base do cheesecake.

Para o recheio, bata no processador todos os ingredientes até que o preparo fique homogêneo e cremoso. Cubra então a massa com o recheio, uniformize e leve à geladeira para ficar firme por pelo menos 3-4 horas ou de um dia para o outro.

Antes de servir, cubra com fatias de manga e coco ralado fresco ou seco (não adocicado), a gosto.

DICA DE TASH

Se quiser algum outro sabor, siga essa receita infalível. Use canela na base em vez de gengibre, descarte o limão-taiti e finalize com cerejas frescas para decorar.

DADO NUTRICIONAL

A castanha-de-caju é rica em zinco e selênio (dois minerais que favorecem a imunidade) e tem alto teor de ácido oleico e outras gorduras monoinsaturadas, que reequilibram os tipos de colesterol do sangue de forma muito mais saudável.

PÁSCOA

OVO DE CHOCOLATE CRU

O mimo perfeito para quem é viciado em chocolate! Experimente usar diferentes fôrmas ou moldes – na Páscoa, claro, devem ser de ovos – e sabores variados. Uma simples gota de essência de hortelã-pimenta, laranja ou gengibre faz toda a diferença. Claro, essa receita não é só para a Páscoa, vale para o ano inteiro, toda vez que você quiser um doce com sabor intenso de chocolate.

24 unidades

225 g de manteiga de cacau cru
12 colheres (sopa) de cacau cru em pó
130 g de xarope de agave
½ colher (chá) de extrato de baunilha
1 gota de essência aromática (opcional; por exemplo, de baunilha)

Derreta a manteiga de cacau cru em banho-maria. Deixe esfriar por 10 minutos antes de acrescentar e misturar o cacau em pó. Uma vez incorporado, acrescente o agave, a baunilha e a essência aromática (opcional).

Despeje o preparo nos moldes de silicone e leve ao freezer por 30 minutos, ou até ficar firme.

Retire os ovos dos moldes e coloque na geladeira. Sirva-os bem gelados.

DICA DE TASH

Se quiser criar diferentes camadas de cores no ovo de chocolate, coloque o molde por 20 minutos no freezer para que fique firme, então faça uma nova camada com outra cor e volte ao freezer até obter o resultado desejado.

DADO NUTRICIONAL

O cacau cru é uma das maiores fontes de vitamina K, essencial para a absorção do cálcio pelos ossos.

PANQUECA DE ESPINAFRE COM PURÊ DE CENOURA

Esse prato remete à primavera, com cores vibrantes e ingredientes muito nutritivos. Sirva as panquecas já prontas e enroladas e deixe que seus convidados as recheiem.

4-6 unidades

Para as panquecas:
85 g de espinafre
½ dente de alho
70 g de farinha de trigo-sarraceno
70 g de farinha de arroz
1 colher (chá) de fermento químico em pó
½ colher (chá) de sal rosa do Himalaia
1 ovo batido
400 ml de leite de arroz integral
1 colher (sopa) de suco de limão-siciliano
1 colher (sopa) de óleo de girassol, mais um pouco para untar
2 colheres (sopa) de xarope de arroz

Para o purê:
4 cenouras grandes cozidas em água e escorridas
2 colheres (sopa) de azeite
um punhado de salsa
uma pitada de sal rosa do Himalaia

Bata o espinafre e o alho no processador até obter um purê grosso.

Em uma tigela grande, misture muito bem a farinha de trigo-sarraceno, a farinha de arroz, o fermento em pó e o sal.

Em outra tigela, misture o ovo, o leite, o suco de limão, o óleo de girassol e o xarope de arroz. Junte os ingredientes molhados aos ingredientes secos, acrescente o purê de espinafre e misture cuidadosamente para incorporar, sem mexer demais.

Em uma frigideira previamente untada e aquecida em fogo médio, coloque um aro grande de cozinhar. Despeje no aro e espalhe bem 1 colher (sopa) da massa de panqueca. Frite até surgirem bolhas de ar na superfície. Não vire a panqueca antes disso. Retire o aro, vire a panqueca e frite do outro lado por mais 1 minuto. Repita o processo com o restante do preparo.

Bata as cenouras, o azeite, a salsa e o sal no processador até obter um preparo homogêneo. Por fim, sirva o purê de cenoura com as panquecas e folhas de salada, ou apenas como acompanhamento de uma deliciosa salada.

DADO NUTRICIONAL

O trigo-sarraceno contém rutina, vitamina associada ao fortalecimento das paredes capilares do cérebro e de todo o corpo.

"RISOTO" DE LIMÃO

Se tiver abusado dos ovos de chocolate, está na hora de experimentar esse "risoto" cítrico, bem fácil de preparar. Depois de provar essa versão com limão, tente descobrir outros sabores – eu gosto de alho--poró e erva-doce, por exemplo.

2 porções

1 colher (sopa) de caldo de legumes em pó
850 ml de água fervente
1 colher (sopa) de óleo de girassol
½ cebola roxa picada
1 dente de alho picado
raspas finas de 2 limões-sicilianos, mais um pouco para decorar
suco de 2 limões-sicilianos
120 g de cevadinha
1 folha de louro

Para o azeite de salsa:
120 ml de azeite
30 g de folhas de salsa
uma pitada de sal
raspas finas e suco de 1 limão-siciliano

Dilua o caldo em pó na água fervente até obter um caldo de legumes. Reserve.

Em uma panela em fogo médio, refogue a cebola e o alho por 1-2 minutos no óleo de girassol. Adicione 50 ml de caldo de legumes. Assim que espessar, acrescente outros 50 ml de caldo junto com metade das raspas e todo o suco de limão.

Adicione a cevadinha e a folha de louro e junte o restante do caldo de legumes, aos poucos, à medida que a cevadinha for absorvendo o líquido. Continue acrescentando caldo e mexendo até o caldo ser totalmente absorvido – isso deve demorar cerca de 20 minutos. Mexa a cevadinha continuamente para que fique cremosa sem precisar acrescentar qualquer laticínio. Quando o prato estiver pronto, acrescente o restante das raspas de limão-siciliano e tire a folha de louro.

Para fazer o azeite de salsa, bata no liquidificador todos os ingredientes por 30 segundos.

Tire a panela do fogo e sirva o "risoto" regado com um fio de azeite de salsa e raspas de limão-siciliano por cima.

DICA DE TASH

Se gostar mesmo de limão, aumente a quantidade de suco. E não se esqueça de mexer, mexer, mexer para que o "risoto" fique bem cremoso.

DADO NUTRICIONAL

A cevadinha, grão um tanto fora de moda mas pródigo em nutrientes, é rica em betaglucano, conhecido por reduzir o colesterol e equilibrar o nível de açúcar no sangue. Também é excelente por proporcionar energia por bastante tempo.

TORTA CRUA DE BANANA

Para mim, a torta de banana remete à Páscoa. Na escola, era minha sobremesa predileta. A mãe de uma amiga fazia a melhor, e seu segredo residia em uma camada escondida de chocolate. Todo ano a visitávamos em seu aniversário e comíamos uma fatia de torta de banana. E eu sempre quis fazer uma versão mais saudável – que aqui está!

10 porções

Para a base:

150 g de farinha de amêndoa
50 g de amêndoa crua
100 g de tâmara
2 colheres (sopa) de óleo de coco

Para a calda de chocolate:

3 colheres (sopa) de óleo de coco
2 colheres (sopa) de cacau cru em pó, mais um pouco para polvilhar
2 colheres (sopa) de xarope de tâmara

Para o recheio:

130 g de castanha-de-caju crua
130 ml de leite de amêndoa (p. 63) não adocicado
⅛ de colher (chá) de extrato de baunilha
3 bananas grandes maduras
3 colheres (sopa) de açúcar de palma
1 colher (sopa) de xarope de tâmara

Para o creme sem lactose:

8 colheres (sopa) de cream cheese de tofu* em temperatura ambiente
8 colheres (sopa) de manteiga vegana em temperatura ambiente
4 colheres (sopa) de xarope de agave
½ colher (chá) de extrato de baunilha

* Bata no liquidificador 120 g de tofu firme, bem drenado, ½ colher (chá) de sementes de endro, 1 colher (sopa) de azeite, o suco de 1 limão-taiti, sal a gosto, 1 colher (sopa) de melaço (opcional) e 1 colher (café) de levedo de cerveja em pó (opcional) ou 1 colher (sobremesa) de missô (opcional), até obter uma pasta lisa e homogênea. Reserve na geladeira.

Primeiro, faça a base. Bata todos os ingredientes no processador até as amêndoas e tâmaras ficarem bem picadas e grudarem ao serem pressionadas com as mãos.

Forre uma fôrma para torta de 22 cm de diâmetro com filme de PVC; se não tiver fôrma para torta, use uma fôrma para bolo.

Espalhe o preparo sobre a base da fôrma e aperte bem para se tornar compacto. Leve ao freezer por 30 minutos para firmar.

Demolhe as castanhas-de-caju em água fria por 30 minutos.

Enquanto isso, prepare a calda de chocolate. Em uma tigela em banho-maria, derreta o óleo de coco. Acrescente o cacau em pó e o xarope de tâmara, misture bem e deixe esfriar na tigela.

Escorra a água e bata no liquidificador a castanha-de-caju com o leite de amêndoa, a baunilha, 2 bananas, o açúcar de palma e o xarope de tâmara, até obter um preparo bem homogêneo.

Retire a base do freezer e cubra com a calda de chocolate. Espalhe por cima de tudo o preparo de banana e volte ao freezer por 1 hora, ou até firmar.

Depois, faça o creme sem lactose. Em uma tigela, misture todos os ingredientes com uma colher de pau, até obter uma consistência cremosa e macia, e leve à geladeira. O creme vai se espessar enquanto fica firme.

Fatie a última banana e tire a torta do freezer. Arrume as fatias de banana sobre a torta e sirva com creme ao lado. Outra opção é espalhar o creme como uma última camada da torta e decorar com as fatias de banana.

Tire a torta da fôrma e polvilhe com um pouco de cacau em pó antes de servir.

MAÇÃ ASSADA DA MAMÃE

Essa é a sobremesa clássica da minha mãe para um almoço de domingo, ou de Páscoa. E é um jeito bem saudável de encerrar uma refeição. Sempre brinco dizendo que essa é a única coisa que ela sabe fazer, mas é tão deliciosa que resolvi incluí-la neste livro com algumas variações. Bom apetite!

6 unidades

6 maçãs
6 tâmaras
150 g de uva-passa preta e branca
130 g de xarope de agave
suco de 1 laranja
3 anises-estrelados
água fria
½ colher (sopa) de canela
raspas finas de 1 laranja

Preaqueça o forno a 180°C e reserve uma assadeira.

Tire o miolo das maçãs e coloque-as na assadeira. Insira uma tâmara no centro de cada maçã e preencha o restante da cavidade com uva-passa – espalhe o restante das uvas-passas pela assadeira. Regue as maçãs com xarope de agave e também o fundo da assadeira. Acrescente então o suco de laranja e o anis-estrelado.

Coloque água na assadeira até uma altura de 1 cm nas laterais. Polvilhe as maçãs e a água com canela e raspas de laranja; a água vai se transformar em uma deliciosa calda.

No forno preaquecido, asse as maçãs por cerca de 40-45 minutos, até a pele rachar e ficar crocante. Gosto de ver as maçãs racharem, mas, se não quiser, corte uma linha fina de cerca de 3 mm de largura no "equador" das frutas antes de assar.

Sirva as maçãs com a calda da assadeira ou com uma generosa colherada de iogurte.

DICA DE TASH

Se quiser um sabor diferente, use uma combinação de goji berries e coco seco não adoçado em lugar das tâmaras e uvas-passas. Seu sabor é fabuloso.

DADO NUTRICIONAL

A maçã contém pectina, que ajuda a eliminar as toxinas do sistema digestório e nutre as bactérias benéficas que vivem lá.

FESTAS DE FIM DE ANO

COUVE-DE-BRUXELAS CRAVEJADA

A couve-de-bruxelas é um dos legumes mais rejeitados, sobretudo na época de Natal, mas eu adoro. Ela fica especialmente deliciosa assada e combina muito bem com o sabor adocicado dos cranberries. Acho que é possível convencer até seus convidados mais reticentes de que esse é o mais novo prato do momento!

6 porções como acompanhamento

700 g de couve-de-bruxelas
6 dentes de alho com casca
2 colheres (sopa) de óleo de girassol
⅛ de colher (chá) de sal rosa do Himalaia
pimenta-do-reino moída na hora
150 g de cranberry seco não adocicado
20 g de salsa picada
1 colher (sopa) de saquê mirin

Preaqueça o forno a 170°C e reserve uma assadeira.

Apare o talo marrom das couves-de-bruxelas e tire todas as folhas externas amareladas. Corte as couves-de-bruxelas em dois. Em uma tigela, misture-as com o alho, o óleo de girassol, o sal e a pimenta-do-reino.

Transfira as couves para a assadeira e asse-as no forno preaquecido por 35-40 minutos, até ficarem crocantes por fora e tenras por dentro. Sacuda um pouco a assadeira de vez em quando para que as couves dourem de forma igual.

Enquanto isso, demolhe os cranberries em água por 30 minutos, escorra e reserve.

Retire as couves-de-bruxelas do forno e misture com a salsa, o saquê mirin e os cranberries e sirva imediatamente. Também podem ser misturadas com quinoa cozida ou servidas com uma salada de folhas verdes.

DICA DE TASH

A couve-de-bruxelas não deve ser apreciada só no Natal, mas pode ser servida com uma bela salada e nosso Molho de tahine (p. 82).

DADO NUTRICIONAL

De todos os legumes crucíferos, a couve-de-bruxelas é o que tem o mais alto nível de glucosinolatos, que ajudam a prevenir o câncer. Então, coma à vontade!

MINHA TORTA DE ABÓBORA

Como meu padrasto é americano, comemorávamos o Dia de Ação de Graças em nossa casa. Sempre fui fascinada por tortas de abóbora, a um só tempo doces e picantes, e foi divertido criar essa receita.

6-8 porções

Para a crosta:

50 g de tâmara sem caroço
65 ml de água quente
1 colher (sopa) de óleo de girassol
200 g de farinha de amêndoa
⅛ de colher (chá) de noz-moscada

Para o recheio:

600 g de abóbora descascada e cortada em pedaços grossos
1 colher (sopa) de óleo de girassol
3 ovos
1 colher (chá) de canela em pó
¼ de colher (chá) de gengibre em pó
¼ de colher (chá) de mixed spices (especiarias mistas)
1 colher (chá) de extrato de baunilha
1 colher (sopa) de farinha de coco
2 colheres (sopa) de xarope de agave

Preaqueça o forno a 170°C e forre uma fôrma para torta de 15 cm de diâmetro com papel-manteiga.

Demolhe as tâmaras por 10 minutos na água quente medida e escorra.

Bata no processador todos os ingredientes da crosta até obter uma bola. Transfira a bola para a fôrma e com cuidado espalhe essa massa igualmente pelo fundo e pelas laterais.

Espete toda a massa com um garfo e asse no forno por 15-20 minutos ou até ficar levemente dourada. Tire do forno e deixe esfriar por 20 minutos antes de acrescentar o recheio.

Asse a abóbora no forno com o óleo de girassol por 20 minutos ou até ficar macia. Tire do forno e deixe esfriar.

Bata a abóbora no liquidificador até que ela fique homogênea. Acrescente os ovos, as especiarias, o extrato de baunilha, a farinha de coco e o xarope de agave e bata de novo para incorporar bem. Então transfira esse preparo para a crosta e asse no forno por 30-40 minutos. Tire do forno e deixe esfriar.

Não precisa de acompanhamento. Essa torta já é deliciosa por si só.

DICA DE TASH

Depois de assada, deixe a abóbora esfriar antes de acrescentar os ovos, para evitar que cozinhem.

DADO NUTRICIONAL

A abóbora é rica em zeaxantina, um antioxidante que ajuda a proteger os olhos contra a degeneração advinda da idade.

BONECO DE GENGIBRE

Para muitos ingleses, o cheiro desses bonecos remete à infância, e seu sabor com certeza desperta boas lembranças. Essa receita é muito fácil, aliás, perfeita para pedir a ajuda das crianças, além de ser útil na decoração de árvores de Natal.

8 unidades

Para o biscoito:

275 g de farinha de amêndoa
1 colher (chá) de canela em pó
½ colher (chá) de gengibre em pó
¼ de colher (chá) de noz-moscada em pó
½ colher (chá) de fermento químico em pó
6 tâmaras sem caroço
3 colheres (sopa) de óleo de coco derretido em banho-maria
40 g de xarope de arroz
1 colher (chá) de extrato de baunilha
1 clara

Para o glacê:

80 ml de leite de coco
75 g de leite de arroz em pó
4 colheres (sopa) de xarope de agave
1 colher (chá) de extrato de baunilha
150 ml de óleo de coco derretido em banho-maria
1 colher (sopa) de suco de limão-siciliano

Bata no processador a farinha de amêndoa, as especiarias, o fermento e as tâmaras. Acrescente o óleo de coco, o xarope de arroz, o extrato de baunilha e a clara e bata de novo até obter uma massa. Transfira essa massa para uma tigela, cubra com filme de PVC e leve à geladeira por 1 hora.

Preaqueça o forno a 170°C e forre uma assadeira com papel-manteiga.

Abra a massa gelada em uma folha de 3 mm de espessura e, com uma faca ou cortador de biscoito, recorte pequenos bonecos (ou outra forma, a gosto). Arrume os bonecos na assadeira forrada.

Asse no forno preaquecido por 20 minutos. Retire do forno e deixe esfriar em temperatura ambiente.

Em seguida, no processador ou liquidificador, faça o glacê, batendo todos os ingredientes (menos o óleo de coco e o suco de limão), até que se torne bem homogêneo. Acrescente o óleo de coco e o suco de limão e bata de novo para incorporar tudo e obter uma textura sedosa. Transfira o preparo para um saco de confeiteiro e leve à geladeira por 2 horas; quanto mais tempo na geladeira, melhor, pois o preparo não deve estar líquido demais na hora de cobrir os pequenos biscoitos.

Quando os bonecos de gengibre estiverem frios, decore a gosto, desenhando figuras ou roupas com o glacê.

DADO NUTRICIONAL

O óleo de coco e o leite de coco são ricos em ácidos graxos de cadeia média, que ajudam a aliviar problemas digestivos e reduzir o risco de diabetes do tipo 2. Consuma 1 colher (chá) todos os dias.

MINCE PIE

Na Grã-Bretanha, o Natal não seria Natal sem essas tradicionais tortinhas de carne, frutas e especiarias. Assim, criei uma versão vegetariana, e a meu ver mais saborosa, para manter as tradições. Experimente!

12 unidades

Para a massa:

60 g de manteiga vegana, mais um pouco para untar
4 colheres (sopa) de açúcar de palma
½ colher (chá) de extrato de baunilha
85 g de farinha de arroz, mais um pouco para polvilhar
50 g de farinha de grão-de-bico
60 g de maisena
¼ de colher (chá) de goma xantana
uma pitada de sal rosa do Himalaia
3 colheres (chá) de água

Para o recheio:

60 g de mirtilo seco não adocicado
100 g de cranberry seco não adocicado
70 g de uva-passa branca
raspas finas de 1 laranja
suco de ½ laranja
raspas finas de 1 limão-siciliano
¼ de colher (chá) de noz-moscada ralada
1 colher (chá) de canela em pó

Primeiro, prepare a massa. Em uma tigela, misture a manteiga, o açúcar e o extrato de baunilha. Em outra tigela, misture as farinhas, a maisena, a goma xantana e o sal. Incorpore as farinhas ao preparo de manteiga e, com as mãos, sove até formar uma massa. Sove por mais 1 minuto, forme uma bola, embrulhe com filme de PVC e leve à geladeira por 30 minutos.

Enquanto isso, coloque no processador todos os ingredientes do recheio e bata até que adquiram uma consistência grossa.

Preaqueça o forno a 170°C e unte com manteiga vegana uma fôrma para muffin de doze cavidades.

Polvilhe a superfície de trabalho com a farinha de arroz e abra a massa em um retângulo de 3 mm de espessura. Com o cortador de massa, recorte doze discos, enrolando as sobras de massa e repetindo a operação até chegar ao número desejado; reserve a sobra de massa. Use os círculos para forrar o fundo e as laterais das cavidades da fôrma.

Preencha cada cavidade com 1 colher (sopa) de recheio – se colocar mais, o recheio pode escorrer para fora da massa ao assar.

Abra a sobra de massa em um retângulo de 3 mm de espessura e, com uma faca bem afiada, recorte doze formas de sua preferência, que serão as tampas das tortinhas (gosto de recortar formas de estrela ou coração). Ao colocar as tampas, empurre as beiradas da massa para baixo de modo que grudem à massa do fundo. Asse em forno preaquecido por cerca de 10-15 minutos.

Retire do forno, deixe esfriar um pouco e transfira para uma grade em temperatura ambiente. Então, polvilhe com a farinha de arroz e sirva ainda quente.

DADO NUTRICIONAL

Os mirtilos e os cranberries são ricos em ferro, fibras e betacaroteno, que aumentam a imunidade e fornecem energia natural.

PUDIM DE PÃO SEM GLÚTEN COM MANTEIGA

Na minha família, esse pudim costuma ser servido no Natal. Devo dedicar essa receita à minha mãe: quando criança, ela era proibida de comer pão e adorava essa sobremesa... O segredo é que a nova versão com certeza ficou melhor que a original!

6 porções

960 ml de leite de amêndoa (p. 63)
2 colheres (chá) de extrato de baunilha
2 colheres (sopa) de xarope de agave
4 ovos
2 colheres (sopa) de maisena
uma pitada de noz-moscada em pó
300 g de pão sem glúten
20 g de manteiga vegana
110 g de uva-passa

Aqueça o leite de amêndoa em uma panela em fogo médio, junto com o extrato de baunilha e o agave, até quase chegar a ferver, então tire do fogo.

Bata os ovos com a maisena e a noz-moscada em uma tigela até se amalgamarem. Acrescente o leite quente e misture bem. Volte então o preparo de ovos à panela e cozinhe em fogo brando, mexendo com uma colher de pau, fazendo movimentos em forma de oito, até o creme ficar espesso e cobrir o dorso da colher.

Retire o creme do fogo, separe em duas porções (reserve metade para servir com o pudim) e cubra com filme de PVC para não criar uma película.

Unte e forre uma fôrma para bolo inglês de 24 cm x 14 cm com papel-manteiga ou, se preferir, um prato refratário de mesmo tamanho.

Fatie o pão diagonalmente em duas metades, de maneira que uma fatia renda dois triângulos. Unte um lado de cada triângulo com manteiga, e, com a manteiga para cima, arrume a primeira camada de pão na fôrma e espalhe generosamente uvas-passas sobre ela. Monte as camadas até usar todo o pão e as uvas-passas.

Despeje metade do creme sobre o pão. Espere 30 minutos antes de assar. Preaqueça o forno a 170°C.

Asse o pudim no forno preaquecido por cerca de 25 minutos. Retire do forno e deixe esfriar um pouco.

Aqueça um pouco o restante do creme e sirva com o pudim ainda quente.

DADO NUTRICIONAL

A maisena é relativamente rica em proteína e ajuda a reduzir o colesterol graças às suas fibras. É uma boa alternativa ao trigo para fazer bolos.

UM SOPRO

DE AR FRESCO

Não há nada melhor do que ficar ao ar livre, especialmente para se divertir. Vivo no Reino Unido, onde não somos abençoados com muitos dias quentes e ensolarados, mas, quando eles chegam, costumo ir aonde existe vegetação. Adoro fazer piquenique ou churrasco com amigos, especialmente quando posso surpreendê-los com receitas saudáveis e vegetarianas, que talvez os façam se esquecer das opções tradicionais com carne!

CHURRASCO

ESPETO DE TOFU TEMPERADO

Essas deliciosas receitas para churrasco podem até levar o mais fiel amante de carne a pensar que o tofu é uma alternativa melhor! E se o tempo não permitir cozinhar ao ar livre, aproveite os espetos o ano todo, grelhados na chapa ou assados no forno.

6 unidades

120 g de tofu
1 colher (sopa) de óleo de gergelim
1 colher (chá) de vinagre de arroz
15 g de pimentas mistas (por exemplo, pimenta-rosa, pimenta-do-reino em grãos, pimenta-calabresa em flocos)
1 colher (chá) de coentro em pó
15 g de salsa fresca
1 colher (chá) de gengibre fresco ralado ou picado
1 colher (chá) de cúrcuma em pó
suco de ½ limão-siciliano
½ dente de alho amassado
¼ de colher (chá) de melaço de romã
¼ de pimenta-malagueta fresca cortada em fatias finas (opcional)

Para os espetos:
1 abobrinha cortada em pedaços de 2 cm
1 alho-poró cortado em pedaços de 1 cm
1 cebola roxa cortada em 6 ou 8 pedaços
6 cogumelos shiitake ou champignons

Para servir:
6 cebolinhas grelhadas
6 cogumelos grelhados

Corte o tofu em quadrados de 1 cm de espessura e marine em uma tigela com o óleo de gergelim e o vinagre de arroz. Demolhe os espetos de madeira (se usar) em água fria.

Com um pilão, ou um moedor de pimentas, moa as pimentas mistas em um pó semifino. Acrescente os demais ingredientes e a pimenta-malagueta (opcional). Cubra o tofu marinado com essa pasta picante e comece o preparo dos espetos.

Espete o tofu e os legumes, colocando um pedaço de legume entre cada pedaço de tofu. Uma vez prontos, pincele mais pasta apimentada e leve para assar na churrasqueira. Se não usar churrasqueira (ou se a chuva não deixar), use uma frigideira canelada ou asse no forno a 180°C por 20-25 minutos.

Gosto de servir espetos com cebolinha e cogumelos grelhados.

DICA DE TASH
Se der tempo, marine o tofu o quanto for possível. Quanto mais marinar, mais intenso vai ficar o sabor.

DADO NUTRICIONAL
O tofu é uma das melhores fontes vegetais de cálcio para a constituição óssea, e cerca de 10% de seu peso é de proteínas completas.

ESPIGA DE MILHO

Fácil de fazer, esse prato é delicioso e perfeito para churrasco, piquenique ou festa ao ar livre.

4 porções

4 espigas de milho
4 colheres (sopa) de molho tamari
pimenta-do-reino moída na hora

Cozinhe as espigas em água fervente por 15 minutos. (Se quiser terminar de assar na churrasqueira, cozinhe em água por apenas 10 minutos e grelhe as espigas na churrasqueira até ficarem douradas.)

Retire as espigas da água e transfira para um prato. Regue com molho tamari e tempere com pimenta-do-reino. Está pronta!

DADO NUTRICIONAL

A espiga de milho é uma das melhores fontes de fibras, regula a digestão, tem poder anti-inflamatório, além de ser rica em vitamina C.

BATATA-DOCE AO CURRY

Adoro essa outra versão da salada de batata tradicional – e, se for servi-la como prato principal, polvilhe com algumas sementes ou oleaginosas e faça uma bela salada de folhas para acompanhar.

6 porções como acompanhamento

350 g de batata-doce cortada em cubos de 3 cm
120 ml de óleo de girassol
2 colheres (chá) de sementes de mostarda
2 colheres (chá) de cúrcuma em pó
2 colheres (chá) de curry em pó
2 colheres (sopa) de gengibre bem picado
2 colheres (sopa) de alho bem picado
½-1 colher (chá) de sal de Guérande
2 cebolas bem picadas
15 g de coentro picado
15 g de salsa picada

Cozinhe a batata-doce no vapor até ficar tenra (por cerca de 20-30 minutos) e reserve em uma tigela. A batata-doce não pode ficar macia demais, sob o risco de virar purê na hora de temperar.

Frite as sementes de mostarda em uma panela wok em fogo alto, até pipocarem. Acrescente a cúrcuma, o curry, o gengibre e o alho. Adicione o sal e a cebola e refogue até a cebola ficar transparente. Tire a pasta de curry do fogo.

Acrescente as ervas frescas picadas e a pasta de curry à batata-doce e mexa delicadamente, até que ela fique bem envolvida pelo preparo.

Sirva com salada de folhas verdes.

Refrescante para o verão

Para quem não toma vinho tinto, apesar dos seus benefícios para a saúde, essa bebida, leve como um espumante, é perfeita para o verão; e o suco de limão-taiti ajuda a alcalinizar uma bebida que, de outro modo, ficaria mais ácida.

RENDE 4 COPOS PEQUENOS OU 2 GRANDES

1,5 litro de água com gás
2 garrafas de vinho branco seco (o de Sauvignon Blanc é ideal)
suco de 1 limão-taiti
fatias de limão-taiti, para decorar
folhas de hortelã ou pétalas de rosa, para decorar e dar um charme!

Misture bem a água com gás, o vinho e o suco de limão. Sirva em copos adornados com cubos de gelo floridos (p. 216) e fatias de limão. Decore com folhas de hortelã ou pétalas de rosa, a gosto.

DADO NUTRICIONAL

Rica em vitamina C, betacaroteno e magnésio, a batata-doce tem índice glicêmico mais baixo que o das batatas comuns, sendo uma ótima fonte de carboidrato com gordura baixa.

TORTINHA DE CENOURA E ABOBRINHA

Essa receita agrada simplesmente a todos, e muitos amigos meus pedem que eu faça tortinhas ao virem jantar em casa. Por minha experiência, as crianças também adoram e ajudam a prepará-las, ou seja, na verdade, gostam de moldar as tortinhas. Está na hora de colocar as mãos na massa!

❤❤

10 unidades

Para as tortinhas:

2 colheres (sopa) de sementes de erva-doce
2 colheres (sopa) de óleo de girassol, mais 3-4 colheres (sopa) para fritar
4 cenouras grandes raladas
1 abobrinha ralada
4 cebolinhas picadas
30 g de coentro bem picado
raspas finas e o suco de 1 limão-siciliano
100 g de halloumi ralado
1 dente de alho amassado
20 g de cebola roxa ralada
40 g de farinha de arroz
1 clara

Para o molho:

4 colheres (sopa) de azeite
suco de 2 limões-taiti
1 colher (chá) de xarope de agave
folhas de rúcula, para servir

Em uma frigideira, salteie as sementes de erva-doce por 3 minutos com 2 colheres (sopa) de óleo em fogo brando. Retire do fogo e reserve.

Em uma tigela, misture os demais ingredientes e incorpore o óleo das sementes de erva-doce.

Preaqueça o forno a 170°C e separe uma assadeira.

Pegue um punhado do preparo, esprema o líquido e molde tortinhas ou bolinhos achatados; devem caber na palma da mão. Você pode fritar três ou quatro tortinhas por vez. Para cada série, aqueça 1 colher (sopa) de óleo em uma frigideira em fogo médio. Frite as tortinhas até ficarem douradas dos dois lados. Depois, coloque-as na assadeira e leve ao forno preaquecido por 15 minutos.

Para o molho, simplesmente misture todos os ingredientes.

Tire as tortinhas do forno, sirva porções de três tortinhas em um leito de rúcula e regue com um pouco do molho.

DICA DE TASH

Esprema bem todo o líquido antes de moldar as tortinhas para que não se desfaçam na hora de fritar.

DADO NUTRICIONAL

A abobrinha é rica em potássio, zinco e fósforo, sendo um alimento alcalino excelente, rico em minerais.

MUFFIN DE ESPINAFRE E CENOURA

Não se trata de um muffin comum. O seu preparo lembra o usado na tortinha frita, porém, depois de assado no forno, esse muffin se transforma em algo realmente divino.

8 unidades

170 g de farinha de trigo-sarraceno
30 g de maisena
2 colheres (chá) de fermento químico em pó
1 colher (chá) de goma xantana
3 colheres (sopa) de sementes de chia moídas no processador ou no moedor de especiarias
½ colher (chá) de sal rosa do Himalaia
½ colher (chá) de noz-moscada ralada
3 ovos
240 ml de leite de amêndoa (p. 63)
200 g de folhas frescas de espinafre picadas
200 g de cenoura ralada
1 cebola ralada
raspas finas e o suco de ½ limão-siciliano
1 dente de alho ralado
40 g de sementes de abóbora cruas, para finalizar

Preaqueça o forno a 180°C e forre uma fôrma para muffin de doze cavidades com oito forminhas de papel.

Em uma tigela, misture a farinha, a maisena, o fermento em pó, a goma xantana, as sementes de chia, o sal e a noz-moscada e reserve.

Em outra tigela, bata os ovos com o leite de amêndoa. Acrescente o espinafre, a cenoura, a cebola, as raspas e o suco de limão e o alho. Misture bem por 1 minuto e acrescente os ingredientes secos. Mexa cuidadosamente para incorporar tudo.

Transfira o preparo para as cavidades forradas da fôrma, finalize com as sementes de abóbora e leve para assar no forno preaquecido por 25 minutos.

Tire os muffins do forno, deixe esfriar na fôrma por 20 minutos e transfira para uma grade de metal, para que esfriem totalmente em temperatura ambiente.

DADO NUTRICIONAL

As sementes de chia contêm a mais alta fonte vegetariana de ácidos graxos essenciais, além de fibras que ajudam a baixar o colesterol.

PIQUENIQUE

SOPA DE ERVILHA E HORTELÃ

Essa sopa é perfeita para o verão, fácil de levar em uma jarra ou garrafa para um piquenique. Sempre foi uma das minhas receitas prediletas de sopa, e é tão saborosa que eu poderia comê-la todo dia!

2 porções

1 colher (sopa) de caldo de legumes em pó
600 ml de água fervente
1 colher (sopa) de óleo de girassol
100 g de cebola bem picada
1 folha de louro
450 g de ervilha congelada
½ colher (chá) de pasta de ameixa umeboshi
15 g de hortelã, mais um pouco para decorar
raspas finas de limão-siciliano, para decorar

Dilua bem o caldo em pó na água fervente até obter um caldo de legumes. Reserve.

Em uma panela em fogo médio, refogue a cebola e o louro com o óleo, até a cebola ficar transparente. Adicione as ervilhas e o caldo, mexa e tire do fogo depois de 5 minutos, para manter a cor bem verde das ervilhas. Tire a folha de louro, junte a pasta de ameixa umeboshi e as folhas de hortelã e mexa mais um pouco.

Transfira o preparo para o liquidificador e bata até obter uma consistência cremosa. Se quiser servir a sopa fria, leve à geladeira; ou recoloque no fogo, se preferir a sopa quente.

Decore com as raspas de limão-siciliano e a hortelã fresca e sirva.

Prazer do piquenique

Um suco refrescante, com toque naturalmente doce, é perfeito para um piquenique de verão, uma vez que pode ser feito com antecedência, mantido em garrafa térmica e servido levemente gelado. Então, que tal oferecer um suco saudável, repleto de nutrientes e ao mesmo tempo fresco e delicioso?

RENDE 4 COPOS PEQUENOS OU 2 GRANDES

suco de 4 cenouras médias
suco de 2 pepinos semidescascados (a casca pode ser um pouco amarga)
suco de ½ abacaxi descascado
suco de um punhado de hortelã fresca, mais um pouco para decorar

Misture todos os ingredientes e adicione cerca de 500 ml de água, se ficar forte demais. Sirva gelado, com alguns raminhos de hortelã em cada copo.

DICA DE TASH

Essa sopa é perfeita para o verão, mas também pode ser servida quente nos dias mais frios. Acrescente um toque de tahine para aumentar as proteínas.

DADO NUTRICIONAL

A ervilha é muito rica em vitamina C, proteína e vitamina K, que ajudam a manter ossos e dentes saudáveis.

TORTA DE CASTANHA

Adoro a massa dessa torta versátil e tenho certeza de que você também vai gostar. Após experimentar a versão com castanha, descubra outros recheios. As castanhas combinam perfeitamente e ficam muito macias depois de cozidas. Minha dica é que só acrescente o recheio na hora de comer, do contrário a massa pode ficar muito empapada.

4 porções

Para a massa:
200 g de farinha de amêndoa
4 colheres (sopa) de óleo de girassol
1 ramo de alecrim bem picado
¼ de colher (chá) de sal
1 colher (sopa) de água

Para o recheio:
200 g de tomates-holandeses pequenos, mantidos nos cachos
2 colheres (sopa) de óleo de girassol
1 dente de alho bem picado
20 g de cebola roxa bem picada
120 g de castanha-portuguesa inteira cozida e bem picada
120 ml de água
⅛ de colher (chá) de sementes de aipo
uma pitada de sal rosa do Himalaia
200 g de folhas pequenas de espinafre
suco de ½ limão-siciliano
um ramo de manjericão (opcional)

Preaqueça o forno a 170°C e separe uma fôrma para torta de 15 cm de diâmetro e uma assadeira.

Para fazer a massa, misture à farinha de amêndoa, em uma tigela grande, o óleo de girassol, o alecrim, o sal e a água. Transfira para a fôrma de torta e pressione para que a massa cubra igualmente o fundo e as laterais. Asse no forno preaquecido por 15 minutos.

Enquanto isso, coloque os tomates na assadeira, regue com 1 colher (sopa) de óleo de girassol e asse por 10 minutos (enquanto a massa também assa), até começarem a rachar e a enrugar. Assim que a massa estiver pronta (quando começar a dourar), leve-a à geladeira para esfriar. Tire os tomates do forno e reserve.

Aqueça o restante do óleo de girassol em uma panela em fogo brando para médio e refogue o alho e a cebola por 2 minutos, antes de acrescentar a castanha e metade da medida de água. Continue refogando por 1-2 minutos, até a água ser absorvida. Em seguida, adicione as sementes de aipo, uma pitada de sal e o restante da água. Junte as folhas de espinafre e o suco de limão e deixe que as folhas murchem. Quando as folhas murcharem e tiverem absorvido a água, desligue o fogo.

Tire a massa da geladeira e espalhe o preparo de castanha e espinafre no centro.

Tire metade dos tomates do cacho, pressione-os de leve com as mãos para "estalar" e, com cuidado, distribua os tomates pelo recheio.

Deixe os demais tomates no cacho e coloque sobre a torta para decorar. Finalize com um ramo de manjericão, conforme o gosto.

SALADA DE PÊSSEGO E ABÓBORA

Essa salada é a cara do verão – ao mesmo tempo fresca, refrescante e revigorante. Ademais, agrada a todos – além de ser visualmente deslumbrante, as texturas combinam à perfeição. Mas o segredo é que é muito fácil de fazer. Assim, você vai parecer profissional sem ter que se esforçar!

3-4 porções como entrada ou 2 como prato principal

Para a salada:
1 abóbora-cheirosa (cerca de 200 g de abóbora assada)
1 colher (sopa) de óleo de girassol
3 pêssegos médios maduros
50 g de rúcula
30 g de queijo feta
10 g de endro picado
raspas finas de 1 limão-siciliano

Para o molho:
10 g de endro picado
4 colheres (sopa) de azeite
1 colher (sopa) de vinagre de arroz
½ colher (chá) de xarope de arroz integral
uma pitada de sal rosa do Himalaia
suco de 1 limão-siciliano

Preaqueça o forno a 180°C.

Descasque a abóbora, corte em quartos e unte com o óleo de girassol. Asse por 30-40 minutos. Tire do forno e reserve.

Fatie os pêssegos e a abóbora assada e distribua-os sobre um leito de folhas de rúcula.

Esfarele o queijo feta por cima e polvilhe-o junto com o endro e as raspas de limão.

Para fazer o molho, misture todos os ingredientes e despeje por cima da salada.

DICA DE TASH

Para essa receita, escolha pêssegos bem maduros. Se preferir, corte a abóbora e os pêssegos em cubos para apresentar uma salada picada.

DADO NUTRICIONAL

O pêssego pertence à família das rosáceas e é uma fonte importante de vitamina C e betacaroteno, que ajudam o sistema imunológico.

SALADA ARCO-ÍRIS COM LEGUMES ASSADOS

Servida quente ou fria, essa salada é uma explosão de cores e sabores. Prepare seus ingredientes em diferentes momentos, para misturá-los somente na hora de comer. Lembre-se de que as sementes de romã vão tingir a quinoa, então espere o último momento para misturá-las, evitando assim que o rosa vibrante fique esmaecido.

4 porções

170 g de quinoa
2-3 cenouras médias cortadas em cubos de 1 cm
4 colheres (sopa) de óleo de girassol
1 ramo de tomilho
¾ de colher (chá) de canela em pó
1 pimentão vermelho cortado em cubos de 1 cm
1 pimentão amarelo cortado em cubos de 1 cm
sal rosa do Himalaia, para temperar
pimenta-do-reino moída na hora, para temperar
1 colher (sopa) de xarope de agave
1 colher (sopa) de molho tamari
50 g de sementes de abóbora
1 dente de alho bem picado
1 cebola roxa bem picada
1 alho-poró bem picado
30 g de cerefólio picado
30 g de coentro picado
raspas finas de 1 limão-siciliano
1 romã

Para o molho:

3 colheres (sopa) de missô doce
2 colheres (sopa) de tahine
1 colher (sopa) de óleo de gergelim
4 colheres (sopa) de água

Preaqueça o forno a 180°C e separe três assadeiras. Cozinhe a quinoa de acordo com as instruções da embalagem e deixe cozinhar um pouco mais para que fique bem macia; isso deve levar cerca de 20 minutos. Escorra a água remanescente e reserve.

Em uma assadeira, unte as cenouras com 1 colher (sopa) de óleo de girassol, acrescente o tomilho e polvilhe com ½ colher (chá) de canela em pó. Asse no forno preaquecido por 25 minutos.

Em outra assadeira, espalhe os pimentões untados com 1 colher (sopa) de óleo de girassol e tempere com o sal rosa e a pimenta-do-reino. Após as cenouras assarem por 15 minutos, coloque os pimentões no forno e deixe assar por mais 10 minutos.

Em seguida, misture o xarope de agave, 1 colher (sopa) de óleo de girassol e o molho tamari. Espalhe as sementes de abóbora na terceira assadeira, regue com esse molho e leve ao forno para assar pelos últimos 5 minutos.

Enquanto isso, em uma frigideira em fogo brando, refogue o alho e a cebola com o restante do óleo de girassol. Assim que o óleo começar a ser absorvido, adicione 1 colher (sopa) de água para esfriar a frigideira e acrescente o alho-poró. Refogue por 2 minutos ou até a cebola ficar transparente e macia. Tire do fogo.

Tire as assadeiras do forno; nessa altura, todos os ingredientes devem estar devidamente assados. Misture os legumes (das assadeiras e da frigideira, mas não as sementes de abóbora) com as ervas frescas e adicione ¼ de colher (chá) de canela e as raspas de limão. Junte à quinoa, misture e reserve.

Tire as sementes da romã e reserve. (Beba o suco de romã que sobrar. É muito saudável!) Acrescente metade das sementes de romã à salada e misture. Decore com as sementes de abóbora tostadas e o restante das sementes de romã.

Finalmente, misture os ingredientes do molho e despeje por cima da salada.

"MACARRÃO" CRU COM LENTILHA DE PUY E ROMÃ

É bom saber que é possível montar esse prato lindo e delicioso em um instante. Se não tiver tempo de cozinhar, use as lentilhas em lata, que tornam a vida bem mais fácil. Essa receita é perfeita para piqueniques ou almoços rápidos.

2 porções

1 abobrinha
200 g de lentilha de puy cozida
sementes de ½ romã
5 g de cerefólio bem picado
5 g de endro bem picado
5-7 gotas de saquê mirin, vinagre de arroz integral e óleo de gergelim torrado
sementes de girassol, para decorar

Para o molho:

1 colher (sopa) de tahine
2 colheres (sopa) de água
¼ de colher (chá) de pasta de ameixa umeboshi
suco de ½ limão-taiti

Com um espiralizador, fatie a abobrinha em forma de "macarrão" (também na p. 74) e então arrume os macarrões em um prato de servir.

Em uma tigela, coloque as lentilhas já cozidas, as sementes de romã, as ervas picadas, o saquê mirin, o vinagre de arroz integral e o óleo de gergelim torrado e misture bem.

Em uma xícara, prepare o molho. Bata com um garfo o tahine com a água até eles se incorporarem – se talhar, não se preocupe, é só bater mais rápido. Em seguida, acrescente a pasta de ameixa umeboshi e o suco de limão e misture de novo.

Despeje o molho sobre as lentilhas e misture bem. Sirva as lentilhas sobre os "macarrões" crus de abobrinha e polvilhe com sementes de girassol.

DICA DE TASH

O espiralizador é um incrível utensílio de cozinha e também um brinquedo para as crianças se envolverem na preparação da comida. Experimente fazer "macarrões" de cenoura, que dão mais cor e textura ao prato.

DADO NUTRICIONAL

A romã contém muita fibra insolúvel e grande parte das vitaminas do complexo B, vitais para a energia. As sementes e o suco proporcionam antioxidantes, vitamina C e o ácido elágico, ótimos para a saúde do coração.

HORA DO CHÁ

BOLINHO DE LARANJA E SEMENTES DE ANIS

Esse bolinho ultraleve é perfeito para o chá da tarde, e você vai surpreender seus convidados com algo bem diferente. Se não tiver fôrmas para bolinhos, utilize pequenas fôrmas de silicone para bolo inglês ou até para cupcakes.

2 unidades

Para os bolinhos:
5 colheres (sopa) de sementes de anis
80 ml de suco de laranja
2 ovos
150 g de farinha de amêndoa
60 g de iogurte de leite de cabra
50 g de xarope de tâmara
¼ de colher (chá) de extrato de baunilha
½ colher (chá) de bicarbonato de sódio
raspas finas de 1 laranja

Para a calda:
1 colher (sopa) de sementes de anis
suco de 2 laranjas
2 colheres (sopa) de xarope de tâmara

Preaqueça o forno a 180°C e unte duas fôrmas para savarin (bolinho francês) de 10 cm de diâmetro.

Moa 3 colheres (sopa) de sementes de anis no moedor de café até que se tornem um pó grosso. Toste levemente as sementes de anis restantes em uma frigideira em fogo brando. Quando começarem a dourar, acrescente o suco de laranja e mantenha no fogo até o suco quase sumir – isso deve levar 1 minuto. Reserve.

Em uma tigela, bata os ovos, acrescente a farinha de amêndoa, as sementes de anis trituradas, o iogurte de leite de cabra, o xarope de tâmara, o extrato de baunilha e o bicarbonato de sódio e misture até o preparo ficar homogêneo. Adicione as sementes de anis tostadas com o suco reduzido de laranja. Junte as raspas de laranja e misture bem.

Com a ajuda de uma colher, coloque o preparo nas fôrmas untadas e leve ao forno preaquecido por 20 minutos.

Tire os bolos do forno e transfira para uma grade de metal, deixando esfriar em temperatura ambiente.

Para fazer a calda, coloque todos os ingredientes em uma panela e leve à fervura por 3-5 minutos, até a calda espessar. Despeje então a calda sobre os bolinhos e sirva com uma deliciosa xícara de chá de hortelã.

PATÊ PRÁTICO DE EDAMAME

Bem fácil de preparar, esse patê de soja de cor vibrante serve como um lanche da tarde bem saudável, um tira-gosto no jantar entre amigos ou uma comida rápida para o domingo à noite.

8-10 porções

500 g de edamame
raspas finas e o suco de 1 limão-siciliano
½ colher (chá) de sal rosa do Himalaia
4 colheres (sopa) de tahine
1 dente de alho
100 ml de azeite
15 g de hortelã

No liquidificador ou processador, bata dois terços do edamame com as raspas e o suco de limão, o sal, o tahine, o alho e o azeite, até obter um preparo homogêneo.

Acrescente o restante de edamame junto com a hortelã e bata por alguns segundos, até obter um delicioso patê de textura espessa. Está pronto.

MEU FAMOSO HOMUS

Todo mundo sempre me pede a minha receita de homus, então aqui vai... Essa pasta de grão-de-bico com especiarias é um perfeito lanche de proteínas. (Se não tiver tempo de demolhar grão-de-bico seco, use metade da quantidade de grão-de-bico pré-cozido.) Gosto de fazer uma boa quantidade domingo à noite para a semana, mas é fácil de preparar de última hora para um piquenique no sábado (utilize a sobra durante a semana no almoço ou só para beliscar na volta do trabalho). Depois de conhecer essa versão, experimente outros sabores, usando purê de espinafre ou ervas frescas, por exemplo.

8-10 porções

400 g de grão-de-bico seco
um pedaço de alga kombu
1 colher (chá) cheia de cominho em pó
1 dente de alho
100 ml de azeite
100 ml de água
100 ml de tahine
50 ml de suco de limão-siciliano

Demolhe o grão-de-bico de um dia para o outro (cerca de 12 horas), escorra e cozinhe em água fresca fervente com a alga kombu até ficar *al dente*.

Escorra e descarte a alga. Coloque o grão-de-bico ainda quente no processador junto com os demais ingredientes.

Bata até que se torne uma pasta macia e saboreie com legumes crus ou bolachas sem trigo.

DADO NUTRICIONAL

Os feijões e outras favas podem ser de difícil digestão porque nosso corpo não possui a enzima apropriada para isso. Mas a alga kombu tem a enzima capaz de quebrar os oligossacarídeos (açúcares complexos) dos feijões, tornando-os bem mais digeríveis e reduzindo a causa dos arrotos e flatulências.

BOMBOM DE COCO E CACAU

Descobri essa receita a partir de erros – e que erro incrível foi esse! Quando provei esse bombom pela primeira vez, voltaram recordações da minha infância em que eu comia barras de coco e chocolate. Então, não vá se privar dessa deliciosa iguaria doce. Faça uma boa quantidade e saboreie à vontade essa versão saudável.

24 unidades

Para o recheio:
85 g de castanha-de-caju crua
8 colheres (sopa) de coco ralado seco não adoçado
1 colher (sopa) de óleo de coco
3 colheres (sopa) de xilitol

Para o chocolate:
225 g de manteiga de cacau cru
12 colheres (sopa) de cacau cru em pó
130 g de xarope de agave
½ colher (chá) de extrato de baunilha

Demolhe as castanhas-de-caju em água por 1 hora e escorra.

No liquidificador ou processador, bata todos os ingredientes do recheio até obter uma pasta grossa. Preencha uma bandeja de silicone para gelo com esse preparo e leve ao freezer por 1 hora.

Enquanto isso, derreta a manteiga de cacau cru em banho-maria e deixe esfriar por 10 minutos. Em seguida, acrescente e misture o cacau em pó. Uma vez incorporado, adicione o xarope de agave e o extrato de baunilha.

Deixe o chocolate esfriar até ficar suficientemente espesso para aderir ao dorso de uma colher – esse chocolate espesso vai proporcionar uma deliciosa cobertura para os bombons.

Tire a bandeja do freezer e solte o recheio de suas cavidades. Mergulhe o recheio no chocolate, um de cada vez, retirando-o com um garfo para que fique coberto de chocolate por todo lado. Coloque os bombons em uma assadeira forrada com papel-manteiga e leve de volta ao freezer por 15 minutos para ficarem firmes.

Esses bombons são mergulhados no chocolate três vezes. Então, tire a assadeira do freezer, mergulhe-os no chocolate de novo e volte o doce ao freezer mais duas vezes. Mantenha os bombons no freezer até a hora de comer.

Essa cobertura de chocolate também é perfeita para mergulhar todo tipo de frutas, como ilustrado no final do livro (na foto da capa interna).

DICA DE TASH

Esconda esses bombons no freezer, fora da vista – são tão deliciosos que você vai querer comer todos!

DADO NUTRICIONAL

O coco seco e não adoçado é rico em proteína e ácidos graxos essenciais, que baixam o colesterol.

FESTA AO AR LIVRE

GASPACHO DE MELANCIA

Adoro gaspacho, porém às vezes é bom mudar as receitas clássicas. Essa versão me ocorreu durante as minhas férias na Espanha, quando alguém me ofereceu um gaspacho e eu já estava com um prato de melancia... Bem, comecei a pensar, e o resultado foi esse gaspacho de melancia! Experimente servir com deliciosos cubos de gelo de ervas para mantê-lo fresco e original.

4-6 porções

425 g de melancia
1 tomate grande maduro (cerca de 200 g)
1 pimentão vermelho
100 g de pepino descascado
⅛ de colher (chá) de pimenta-malagueta fresca
¼ de colher (chá) de gengibre fresco ralado
50 g de aipo
suco de 2 limões-taiti
20 g de coentro

Bata no liquidificador todos os ingredientes, exceto o coentro, até obter um preparo bem homogêneo. Então, acrescente o coentro e bata por mais alguns segundos.

Sirva o gaspacho bem gelado em copos pequenos como um aperitivo ou em tigelas como entrada.

DADO NUTRICIONAL
A melancia é rica tanto em vitamina C como em potássio, sendo uma das frutas mais alcalinas.

CUBOS DE GELO DECORATIVOS

Esses cubos dão um toque de beleza a qualquer arranjo de mesa – especialmente para festas ao ar livre –, além de proporcionar um delicioso sabor ao derreter. Basta uma fôrma para gelo e uma seleção de ervas, flores comestíveis ou frutas. Minha combinação favorita é hortelã, limão-siciliano e pétalas de rosa.

Ingredientes sugeridos

Ervas folhosas
hortelã, tomilho, manjericão e alecrim
Frutas cítricas
limão-siciliano e laranja em raspas finas
Flores comestíveis
violeta, capuchinha e jasmim
Frutas vermelhas
mirtilo e groselha
Pétalas de flores
rosa, margarida e ranúnculo
Água de rosas
algumas gotas para um toque de sabor
Água de flor de laranjeira
algumas gotas para um toque de sabor

Pique as ervas grosseiramente e coloque em uma fôrma para gelo. Despeje cuidadosamente água na fôrma e leve ao freezer até congelar. Gosto de preparar esses cubos com certa antecedência.

Se quiser manter ingredientes inteiros – frutas vermelhas, flores, pétalas –, arrume-os na fôrma de gelo ou em outro molde que seja mais prático. Coloque cuidadosamente água e leve a fôrma ao freezer até congelar.

Para mais um toque de sabor, adicione algumas gotas de água de rosas ou água de flor de laranjeira.

FALÁFEL DE LENTILHA COM PÃO ACHATADO DE TRIGO-SARRACENO

Minha ideia aqui foi criar um faláfel com um novo sabor. Espero que goste do resultado. Essa é uma alternativa bem saudável ao faláfel frito, além de ser deliciosa com pão achatado. Use o pão com as receitas de patês deste livro, ou mesmo para fazer sanduíches abertos, para variar.

8-10 unidades

½ alho-poró
½ cebola roxa
1 dente de alho
1 colher (chá) de óleo de gergelim
200 g de lentilha de puy cozida
85 g de grão-de-bico cozido
50 g de sementes de girassol cruas
5 colheres (sopa) de homus (p. 211)
sal rosa do Himalaia, para temperar

Preaqueça o forno a 170°C e forre uma assadeira com papel-manteiga.

Corte o alho-poró e a cebola em fatias o mais finas possível, ou use uma mandolina, e amasse o alho. Em uma frigideira com óleo de gergelim em fogo médio, refogue os legumes até ficarem macios. Tire do fogo e reserve para esfriar.

No processador, bata a lentilha, o grão-de-bico e as sementes por 1 minuto.

Adicione o preparo batido aos legumes refogados, acrescente o homus para dar liga e tempere com sal a gosto.

Molde o preparo em bolas de 5 cm de diâmetro e coloque na assadeira forrada.

Asse por 15 minutos no forno preaquecido. Tire do forno e transfira para um prato de servir. Sirva quente, com pão achatado ao lado, um pouco de Molho de iogurte e ervas (p. 82), e polvilhe com sementes de romã.

Pão achatado de trigo-sarraceno

16 unidades

120 g de farinha de trigo-sarraceno, mais um pouco para abrir a massa
200 g de sementes de chia moídas
1 colher (chá) de sal rosa do Himalaia
2 colheres (chá) de ervas mistas (por exemplo, orégano seco, tomilho seco, zaatar)
5 colheres (chá) de fermento químico em pó
5 colheres (chá) de kümmel
8 ovos
óleo de girassol, para fritar

Misture todos os ingredientes secos em uma tigela e faça uma cova no centro. Quebre os ovos na cova e, segurando a tigela com uma mão, misture com a outra os ingredientes até formar uma bola de massa.

Deixe essa massa descansar por 15 minutos em temperatura ambiente. Então, divida a bola de massa em dezesseis bolas menores.

Enfarinhe a superfície ou tábua de trabalho e um rolo de macarrão com farinha de trigo-sarraceno. Coloque uma das bolas de massa nessa superfície enfarinhada, polvilhe-a com mais farinha e abra a massa na forma de um pão achatado fino. Repita a operação com as demais bolas de massa.

Esquente uma frigideira em fogo alto. Impregne uma folha de papel-toalha com um pouco de óleo de girassol e unte rapidamente a frigideira.

Coloque dois pães achatados na frigideira e frite por 1½-2 minutos de um lado, vire os pães e frite do outro lado. Se quiser, mantenha os pães prontos em um prato aquecido enquanto frita os demais, mas esse pão também é delicioso frio. Unte de novo a frigideira com o papel-toalha impregnado em óleo entre cada série de pães.

ÓTIMO MOLHO DE TOMATE PARA MASSA

Em casa, usamos muito esse molho de tomate, cuja receita é do meu padrasto Huggy... Ela foi modificada com o tempo e hoje não é tão apimentada quanto a versão original, mas ainda assim é deliciosa!

2 porções

1 dente de alho amassado
½ cebola cortada em cubos pequenos
2 colheres (sopa) de óleo de girassol
615 ml de água
360 g de tomate maduro cortado ao meio
¼ de colher (chá) de vinagre balsâmico
½ colher (chá) de pasta de ameixa umeboshi
1 cm de pimenta-malagueta fresca (opcional)
25 g de manjericão
2 colheres (sopa) de leite de coco

Em uma frigideira em fogo médio, refogue o alho e a cebola por 2 minutos no óleo de girassol.

Meça 120 ml de água e adicione ao refogado. Deixe a cebola absorver a água e acrescente mais 255 ml de água. Então, acrescente os tomates, o vinagre balsâmico, a pasta de ameixa umeboshi e o restante de água. Deixe cozinhar em fogo brando para médio por 10 minutos.

Adicione a pimenta-malagueta fresca, se quiser dar um toque picante, metade do manjericão e o leite de coco. Nessa altura, o molho já deve ter reduzido bastante.

Deixe no fogo por mais 5-7 minutos. Se quiser um molho mais líquido, acrescente um pouco de água; ou reduza se preferir um preparo mais seco e de sabor mais intenso.

Cozinhe a massa (utilize massa sem glúten ou de espelta) segundo as instruções da embalagem. Uma vez cozida, misture a massa com o molho, acrescente as folhas de manjericão restantes e sirva imediatamente.

Saborosa limonada

Não há nada comparável ao sabor refrescante de uma limonada caseira, e essa receita é bastante simples de preparar, além de ser totalmente alcalina.

RENDE 4 COPOS PEQUENOS OU 2 GRANDES

1 litro de água alcalina ou de nascente
suco espremido de 2 limões-sicilianos
um pedaço de gengibre, do tamanho de um polegar, descascado, ralado e espremido
uma pitada pequena de sal rosa do Himalaia
2 colheres (chá) de mel orgânico ou néctar de agave

Misture bem todos os ingredientes e leve para gelar levemente antes de servir, com cubos de gelo de ervas ou flores (p. 216).

Versão opcional com álcool: Dobre a quantidade de suco de limão e de sal e sirva com o gelo triturado, acrescentando uma dose de vodca por pessoa. Dica de proporção: 1 dose de vodca para 3 doses de limonada.

DADO NUTRICIONAL

Não há nada melhor do que tomate maduro para fornecer betacaroteno – um dos mais importantes antioxidantes, pois protege a pele contra o envelhecimento prematuro.

SORVETE DE HUGGY

A razão de eu chamar meu padrasto, Ed, de Huggy é porque, quando eu era criança, ele sempre comia sorvete Häagen-Dazs, além de conseguir comer um pote inteiro de uma só vez! Então, esse sorvete é para Huggy, uma receita que ele adora preparar e que adaptei um pouco. Faça o sorvete com pelo menos um dia de antecedência. Sirva em uma tigela ou em uma casquinha sem açúcar e sem glúten.

rende 1,5 litro

960 ml de leite de coco
140 g de xarope de agave
85 g de tâmara sem caroço
15 g de cacau cru em pó
3 colheres (sopa) de água
50 g de nibs de cacau cru (fragmentos da amêndoa do cacau)

Coloque a tigela da sorveteira no freezer um dia antes de fazer o sorvete.

Em uma panela em fogo médio, leve ao ponto de fervura o leite de coco. Adicione o xarope de agave, misture e tire do fogo. Leve o preparo à geladeira para esfriar, seja em uma tigela, seja na própria panela.

Enquanto isso, no liquidificador ou no processador, bata as tâmaras, o cacau cru em pó e a água até obter um preparo homogêneo.

Com a tigela gelada e o preparo de leite de coco frio, comece a fazer o sorvete. Coloque o leite de coco na sorveteira e acrescente os nibs de cacau cru; ligue o aparelho e deixe bater por 10 minutos. Então, acrescente o preparo de tâmaras com cacau e deixe bater por mais 15 minutos. Transfira o conteúdo da tigela para um recipiente hermético e deixe no freezer por 2 horas antes de servir.

DICA DE TASH

Se não tiver sorveteira, misture o preparo no freezer com frequência, para evitar a formação de partículas de gelo nesse delicioso sorvete.

DADO NUTRICIONAL

Os nibs de cacau são uma ótima fonte de ferro, proteína e magnésio, além de ricos também em triptofano – o precursor de um neurotransmissor, a serotonina, conhecida por seu fator de "bem-estar".

A ARTE

DE RECEBER

Nunca achei que receber desse muito trabalho, e, com esta série de receitas em mãos, com certeza você há de concordar comigo. Há muitos pratos para escolher, dependendo de quem vem para jantar, além de apetitosos tira-gostos. Basta se organizar e cuidar de alguns detalhes com antecedência, para poder desfrutar plenamente a arte de receber.

JANTAR DE AMIGAS

ARROZ INTEGRAL COM MOLHO DE TOMATE, TAMARINDO E TOFU DEFUMADO

Esse prato se inspira numa viagem ao Vietnã, onde adoram usar tamarindo na comida, assim como eu – o equilíbrio agridoce é perfeito. É ótimo para um jantar informal com amigos ou a família no domingo à noite, e a sobra rende almoço no dia seguinte.

2 porções

85 g de arroz integral
2 colheres (sopa) de óleo de girassol
1 cebola roxa pequena picada
1 dente de alho picado
175 ml de água
60 g de tamarindo seco demolhado, sem sementes e escorrido
290 g de tomate-holandês pequeno, tirado do cacho
¼ de colher (chá) de vinagre balsâmico
150 g de tofu defumado cortado em cubos de 2 cm
1 cebolinha cortada em fatias diagonais
10 g de coentro picado
folhas de coentro, para decorar (opcional)

Cozinhe o arroz integral conforme as instruções da embalagem. Enquanto isso, em uma frigideira em fogo médio com o óleo de girassol, refogue a cebola e o alho por 1-2 minutos. Acrescente 50 ml de água junto com o tamarindo. Refogue por 3 minutos e adicione o restante da água, os tomates inteiros e o vinagre balsâmico.

Continue refogando em fogo médio por outros 3 minutos e junte o tofu defumado e a cebolinha. Refogue por mais 2 minutos e retire do fogo – o molho deve ficar espesso, e os tomates, amassados. (Conforme o tempo de cozimento do arroz, talvez seja preciso reaquecer o molho antes de servir.)

Finalmente, acrescente o coentro e sirva o molho sobre o arroz integral. Decore com algumas folhas de coentro, a gosto.

DADO NUTRICIONAL

O tamarindo é uma ótima fonte de fibra solúvel natural e ainda proporciona um sabor agridoce típico. Retirado de sua vagem e demolhado, mantém os nutrientes.

SUFLÊ DE QUEIJO DA VOVÓ

Minha maravilhosa avó Stephanie adora suflês. Ela sempre fez para nós seu suflê de queijo sem farinha. Então, pedi a receita, que adaptei usando queijo de ovelha e de cabra em vez de queijo de leite de vaca, e ficou perfeito. É tão saboroso que, a meu ver, iguala-se à receita original dela!

6 porções

85 g de queijo de cabra duro
85 g de queijo de ovelha duro, como o pecorino
170 g de iogurte de leite de cabra
½ colher (chá) de mostarda de Dijon
3 gemas
6 claras

Preaqueça o forno a 200°C e separe seis ramequins.

Rale os dois queijos em uma tigela grande, acrescente o iogurte e a mostarda e misture bem.

Bata cuidadosamente as gemas com um garfo, acrescente ao preparo de queijo e iogurte e misture. Ponha água para ferver.

Em outra tigela, bata as claras em neve firme antes de adicioná-las aos poucos ao preparo de queijo com uma colher até incorporar tudo muito bem. Transfira o preparo para os ramequins e coloque em uma assadeira. Despeje a água fervente na assadeira até meia altura dos raquemins para criar um banho-maria.

Asse os suflês no forno preaquecido por cerca de 20-23 minutos ou até crescerem e ficarem bem dourados. Tire do forno e sirva imediatamente.

Tônico estomacal

Muitas pessoas precisam mudar seu modo de comer para aliviar os problemas de indigestão e melhorar a absorção dos nutrientes contidos nos alimentos. Não há solução mais rápida do que adicionar vinagre de maçã a bebidas e drinques para estimular os sucos estomacais – seus amigos vão lhe agradecer e saborear ainda mais as refeições! Para a sua saúde, beba um pouco desse preparo antes das refeições – e veja a diferença imediata no seu nível de energia.

RENDE 4 COPOS PEQUENOS OU 2 GRANDES

4 colheres (sopa) de vinagre de maçã (1 colher [sopa] por copo)
1,5 litro de água com gás
suco de 2 limões-sicilianos
suco de 2 maçãs

Misture todos os ingredientes numa jarra e sirva como coquetel não alcoólico antes da refeição – não ponha gelo; a bebida deve ser servida em temperatura ambiente para otimizar os efeitos.

DICA DE TASH

Sirva os suflês imediatamente, pois murcham ao sair do forno. E tenha muito cuidado ao retirar a assadeira do forno, por causa da água quente.

DADO NUTRICIONAL

Os ovos são considerados o alimento perfeito, já que contêm literalmente todos os nutrientes necessários para o corpo e o cérebro. Como fonte de proteínas, são excelentes e não mais vistos como estimuladores de colesterol. Para os vegetarianos, trata-se de ótima fonte de aminoácidos.

SALADA THAI DE MANGA E MILHO COM RELISH DE ROMÃ

Adoro essa salada: é uma entrada perfeita para um jantar entre amigos ou informal. É linda, leve e fácil de preparar, sem que o cozinheiro precise ficar preso na cozinha enquanto os convidados se divertem na sala ao lado.

2 porções

Para a salada:
½ espiga de milho
40 g de manga verde
40 g de manga madura
15 g de cebolinha
70 g de broto de feijão
10 g de coentro picado grosseiramente
1 pimenta-malagueta pequena, sem sementes e fatiada finamente
um punhado de folhas de mizuna
1 colher (sopa) de óleo de gergelim torrado

Para o molho:
1 dente de alho pequeno ralado
um pedaço pequeno de gengibre ralado
suco de ½ limão-taiti
uma pitada de sal rosa do Himalaia

Para o relish:
10 g de coentro bem picado
20 g de sementes de romã
uma pitada de sal rosa do Himalaia
¼ de colher (chá) de suco de limão-taiti
¼ de colher (chá) de melaço de romã

Cozinhe a espiga de milho em uma panela com água fervente por 10 minutos. Enquanto isso, corte as mangas e a cebolinha em fatias finas e misture em uma tigela com o broto de feijão, o coentro, a pimenta-malagueta e as folhas de mizuna.

Misture os ingredientes do molho em outra tigela e regue a salada.

Assim que o milho estiver cozido, retire a espiga da panela e reserve. Aqueça o óleo de gergelim em uma panela e toste cada lado da espiga até dourar. Corte a espiga em quatro fatias de pouco mais de 1 cm de espessura.

Em seguida, misture todos os ingredientes do relish.

Para servir, coloque uma porção de salada em cada prato. Arrume duas fatias de milho por cima de cada um e finalize com uma colher cheia de relish.

DADO NUTRICIONAL

Uma ótima fonte de betacaroteno e vitamina C, a manga tem muita fibra solúvel e pode ser comida verde ou madura, conforme a variedade.

BOLO DE FRUTAS VERMELHAS E AMÊNDOA

Trata-se de uma receita clássica em minha casa – fácil de fazer se estiver a fim de doce e visualmente impressionante. A amêndoa torna esse bolo rico em proteínas, que são um bônus para os vegetarianos. Talvez seja uma das sobremesas mais saudáveis que você comerá na vida.

9-12 porções

200 g de framboesa
120 ml de água
2 colheres (chá) de extrato de baunilha
4 ovos
85 g de xarope de agave
170 g de manteiga vegana
300 g de farinha de amêndoa
1 colher (chá) de fermento químico em pó
40 g de amêndoa crua em lascas, para decorar
400 g de amora, para servir

Preaqueça o forno a 180°C e forre uma fôrma para brownie de 25 cm com papel-manteiga.

Em uma panela, ferva as framboesas na medida de água junto com o extrato de baunilha por cerca de 7-8 minutos. Então, bata bem até obter um preparo macio (bata com o fouet se não tiver liquidificador) e deixe esfriar em uma tigela.

Bata os ovos com o agave em uma tigela.

Em outra tigela, misture a manteiga e a farinha de amêndoa. Acrescente os ovos batidos ao preparo de amêndoas, seguidos pelo fermento em pó e o purê de framboesa.

Transfira o preparo para a fôrma forrada, polvilhe com as amêndoas em lascas e leve por 15 minutos ao forno preaquecido.

Enquanto isso, separe as amoras e uma folha de papel-alumínio de tamanho suficiente para cobrir o bolo. Então, o mais rápido possível, retire o bolo do forno, espalhe as amoras por cima do bolo meio assado, cubra com o papel-alumínio e leve de volta ao forno por mais 20 minutos.

Após esses 20 minutos, verifique o bolo – se a lâmina de uma faca espetada no centro sair limpa, está pronto. Do contrário, asse por mais 5 minutos e repita o teste. Tire do forno, deixe esfriar na fôrma por 10-15 minutos, coloque depois sobre uma grade de metal para esfriar em temperatura ambiente, então fatie e saboreie!

DICA DE TASH

Esse bolo simples parece ser feito por profissional ao sair do forno. Prove com outros sabores – substitua a quantidade de framboesas por uma compota de frutas. Use ameixas para dar um toque mais outonal.

DADO NUTRICIONAL

A amêndoa é a oleaginosa mais alcalina, repleta de magnésio para acalmar a mente. A amêndoa escaldada acaba desprovida da pele que retém o ácido fítico, proporcionando assim um valor nutricional bem maior.

PORÇÕES

HAMBÚRGUER DE BETERRABA E DE ESPINAFRE

Esses hambúrgueres são coloridos e fáceis de preparar! Faça-os maiores para compor o prato principal junto com salada ou batata-doce em gomos.

12-14 hambúrgueres pequenos ou 4 grandes

170 g de quinoa crua
1 colher (sopa) de caldo de legumes em pó
250 g de folhas de espinafre ou 200 g de beterraba cozida
6 colheres (sopa) de óleo de girassol
1 dente de alho
uma pitada de sal rosa do Himalaia

Para essa receita, a quinoa deve estar bem grudenta, um pouco como a textura do arroz grudento. Cozinhe a quinoa no dobro de água em relação ao grão – a quinoa precisa cozinhar muito. Cozinhe a quinoa com o caldo em pó em fogo médio por cerca de 20 minutos, desligue e deixe na panela tampada, para continuar cozinhando com o vapor e poder chegar à textura desejada para dar liga aos hambúrgueres sem precisar de farinha.

Derrame água fervente sobre o espinafre em uma peneira e deixe escorrer. Escorrida a água, esprema-o para retirar o excesso de líquido e transfira para o liquidificador com 3 colheres (sopa) de óleo de girassol e o alho; bata até conseguir um preparo homogêneo. (Se quiser a versão com beterraba, troque o espinafre pelo purê de beterraba. Bata a beterraba cozida com a mesma quantidade de alho, óleo e sal e siga os passos abaixo.)

Assim que a quinoa esfriar, junte o purê de espinafre aos poucos (lembre-se de que não terá como tirá-lo) e incorpore bem. Com o preparo ainda grudento, molde os hambúrgueres do tamanho da palma da mão. Se não der liga, adicione farinha de aveia, 1 colher (sopa) de cada vez. (Faça sua própria farinha batendo um punhado de aveia no processador.)

Preaqueça o forno a 180°C. Em uma frigideira, frite os hambúrgueres nas 3 colheres (sopa) de óleo de girassol restantes; se preferir, use óleo de coco. Frite cada um por cerca de 2-3 minutos de cada lado até dourar. Transfira para a assadeira e asse no forno preaquecido por mais 10 minutos, até que fiquem fumegantes. Sirva com Molho de tahine (p. 82).

TOFU MARINADO COM ENDÍVIA

Ofereça essa delicada porção como tira-gosto antes do jantar ou como entrada. Ou então mude a apresentação e sirva os ingredientes em uma salada. E por que não experimentar as duas opções?

15 porções

4 colheres (chá) de xarope de agave
2 colheres (chá) de molho tamari
2 colheres (sopa) de óleo de gergelim
85 g de tofu cortado em cubos de 1 cm
400 g de abóbora-cheirosa descascada e cortada em pedaços de 2 cm
1 colher (chá) de óleo de girassol, mais 1 colher (sopa) para fritar
¼ de colher (chá) de sal rosa do Himalaia
¼ de colher (chá) de sementes de cominho-preto
3 colheres (sopa) de missô doce
suco de ¼ de limão-siciliano
⅛ de colher (sopa) de sementes de cominho-preto
2 endívias
10 g de coentro picado

Preaqueça o forno a 180°C.

Em uma tigela, faça uma marinada misturando o agave, o molho tamari e metade do óleo de gergelim e deixe o tofu marinar por 30 minutos.

Tempere os pedaços de abóbora com 1 colher (chá) de óleo de girassol, o sal e as sementes de cominho-preto. Asse em forno preaquecido por 15 minutos. Tire do forno e reserve para esfriar.

Quando a abóbora esfriar, bata no processador ou liquidificador com o missô doce, o restante de óleo de gergelim, o suco de limão e ⅛ de colher (sopa) de sementes de cominho-preto, até obter um preparo macio. Reserve.

Separe as folhas de endívia e coloque-as em uma peneira. Enxágue e transfira para um pano para que fiquem bem secas.

Em uma frigideira em fogo médio, com 1 colher (sopa) de óleo de girassol, refogue o tofu marinado junto com o restante da marinada. O tofu deve ser virado até que a marinada comece a caramelizar e ficar grudenta. Preste atenção para não queimar; tire do fogo assim que todo o líquido secar.

Arrume as folhas de endívia em um prato de servir. Coloque em cada folha ½ colher (sopa) de purê de abóbora e, por cima, um pedaço de tofu; finalize com o coentro fresco.

BOLACHA CRUA DE CASTANHA-DO-PARÁ

Essa é uma ótima alternativa à bolacha de água e sal. Se tiver tempo, vale a pena prepará-la. É perfeita para um lanche proteico à tarde, com patê, ou então para acompanhar porções de tofu.

100 g de sementes de chia
120 ml de água
140 g de castanha-do-pará crua
10 g de sálvia
3 colheres (sopa) de azeite
uma pitada de pimenta-do-reino moída na hora
1 dente de alho ralado
1 colher (chá) de sal de Guérande

No liquidificador de alta velocidade ou no moedor de café, moa metade das sementes de chia. Então, demolhe as sementes inteiras e as moídas na água por 15 minutos. Escorra e reserve. Preaqueça a 40°C o desidratador. No processador ou liquidificador, bata as castanhas-do-pará e metade da sálvia com o azeite, a pimenta-do-reino, o alho ralado e o sal. Bata aos poucos para quebrar as castanhas e obter uma textura bem grossa, ou mais, se quiser uma textura mais fina. Misture com o preparo de chia, pique o restante de sálvia e incorpore.

Espalhe o preparo pela bandeja do desidratador, deixando 5 mm de espessura, e desidrate por 10 horas. Vá à p. 84 se não tiver desidratador.

PEQUENOS SUSHIS VEGETARIANOS

Sirva esses deliciosos rolinhos de entrada ou como tira-gosto antes do jantar para acalmar a fome dos seus convidados. Um pouco de prática é necessária para conseguir fazer rolinhos bem apertados, então vá treinando – e enrolando!

♥♥♥

24 unidades

40 g de quinoa vermelha ou branca
190 g de arroz integral para sushi
4 colheres (sopa) de vinagre de arroz integral
¼ de colher (chá) de vinagre de maçã
1 colher (sopa) de saquê mirin
2 colheres (sopa) de água
1 colher (chá) de xarope de agave
1 colher (chá) de sal rosa do Himalaia
4 folhas de alga nori
molho tamari e wasabi, para servir

Ideias para o recheio dos sushis:
daikon (nabo-japonês) ralado ou fatiado
folhas mistas de alface e/ou pepino fatiado
vagem cortada em fatias finas
coentro ou salsa
cenoura ralada
abacate fatiado
sementes de gergelim branco tostadas
sementes de girassol tostadas

Cozinhe separadamente a quinoa e o arroz integral de acordo com as instruções das embalagens e reserve.

Enquanto isso, em uma tigela, misture os vinagres, o saquê mirin, a água, o xarope de agave e o sal e reserve.

Transfira o arroz e a quinoa para uma tigela grande e misture com o preparo de vinagre; solte um pouco os grãos para ajudar a secar e esfriar. Espere a mistura de arroz e quinoa ficar morna, o que leva cerca de 10 minutos.

Coloque uma folha de nori sobre uma esteira de bambu para sushi. Com os dedos molhados, pressione o arroz para cobrir cerca de um quarto da folha em uma camada nivelada, deixando uma faixa de 1 cm livre no alto da folha. Então começa a parte mais criativa; vá escolhendo os ingredientes do recheio e arrumando-os em fila sobre o arroz. (Não coloque recheio demais ou será difícil enrolar o sushi; os ingredientes podem escapar na hora que você for cortar.)

Segure a beira da esteira de bambu, dobre de baixo para cima, de maneira que o recheio fique bem preso e enrole o sushi como um rolo espesso. Uma vez enrolado o sushi, embrulhe-o na esteira e então pressione de leve para que fique bem compacto.

Tire a esteira e corte o rolo de sushi em seis partes para servir; repita esse processo com os demais ingredientes para fazer mais três rolos.

Sirva com molho tamari e wasabi, conforme o seu gosto e o dos convidados.

JANTAR PARA 2 OU 12

TORTA DE ESPINAFRE E TOMATE ASSADO

Tudo que posso dizer sobre essa receita é que você precisa experimentá-la! Depois, tenho certeza de que vai entrar no seu repertório culinário.

❤❤

6 porções

Para a massa:

200 g de farinha de amêndoa
2 ramos de alecrim
4 colheres (sopa) de óleo de girassol
½ colher (chá) de kümmel
uma pitada de sal rosa do Himalaia
1 colher (sopa) de água
100 g de sementes de abóbora cruas
50 g de sementes de girassol cruas

Para a cobertura:

500 g de tomate
2 dentes de alho
4 colheres (sopa) de azeite, mais 1 colher (chá)
1 colher (sopa) de folhas de tomilho, mais alguns ramos
½ colher (chá) de sal rosa do Himalaia
¼ de colher (chá) de pimenta-do-reino moída na hora
2 colheres (sopa) de vinagre balsâmico
400 g de folhas de espinafre
75 g de queijo de cabra duro, ralado

Preaqueça o forno a 170°C e forre uma fôrma para torta ou bolo de 19 cm de diâmetro com papel-manteiga. Forre ainda outra assadeira com papel-manteiga.

Bata no processador a farinha de amêndoa, o alecrim, o óleo de girassol, o kümmel, o sal, a água e metade das sementes de abóbora, até obter um preparo homogêneo, e reserve.

Então bata o restante das sementes de abóbora e as sementes de girassol por apenas alguns segundos para proporcionar alguma textura à massa.

Misture bem as sementes e o preparo de amêndoas, até que dê boa liga. Pressione a massa na fôrma forrada e asse por 25 minutos, até dourar.

Enquanto isso, corte os tomates em quartos e pique bem o alho. Em uma tigela grande, faça uma marinada com as 4 colheres (sopa) de azeite, mais o tomilho, o sal, a pimenta-do-reino, o vinagre e o alho. Passe os tomates na marinada, transfira-os para a assadeira forrada e asse por 8 minutos. Tire do forno e reserve.

Enquanto isso, escalde o espinafre na água fervente em uma peneira e esfrie imediatamente com água fria da torneira. Quando estiver frio, esprema o excesso de água das folhas e pique finamente ou bata o espinafre junto com 1 colher (chá) de azeite.

Tire a massa do forno e espalhe o espinafre sobre o fundo, cubra com os tomates assados e polvilhe com queijo de cabra ralado.

Decore com alguns ramos de tomilho e coloque de volta no forno para assar por mais 15 minutos, até o queijo derreter. Sirva imediatamente e saboreie.

BERINJELA ASSADA E MOLHO DE MANGA COM MACARRÃO DE ARROZ NEGRO

Nesse prato, o contraste das cores é simplesmente maravilhoso, e gosto muito de servi-lo aos amigos e parentes. Se não achar macarrão de arroz negro, use o macarrão de arroz comum (bifum).

4 porções

2 berinjelas cortadas em cubos de 2 cm
3 colheres (sopa) de óleo de girassol
1 cebola roxa cortada em fatias finas
½ colher (chá) de gengibre em pó
½ colher (chá) de coentro em pó
uma pitada de sal rosa do Himalaia
250 g de macarrão de arroz negro (ou bifum)
4 colheres (chá) de óleo de gergelim
1 manga grande cortada em cubos de 1 cm
50 g de coentro picado
raspas finas de 1 limão-siciliano
1 colher (chá) de sementes de cominho-preto
sementes de gergelim cruas, para decorar
1 cm de pimenta-malagueta cortada em fatias diagonais, para decorar

Preaqueça o forno a 170°C e forre uma assadeira com papel-manteiga.

Em uma tigela grande, tempere a berinjela com o óleo de girassol, a cebola roxa, o gengibre em pó, o coentro em pó e o sal. Transfira para a assadeira e asse por 20 minutos.

Enquanto isso, em uma panela grande cozinhe o macarrão de arroz negro em água fervente e vá mexendo para não grudar. Uma vez cozido, resfrie imediatamente (escorra e mergulhe na água gelada) e unte com óleo de gergelim, para não grudar. O macarrão sem glúten às vezes é difícil!

Depois que a berinjela estiver assada, tire do forno e deixe esfriar.

Em outra tigela, misture os cubos de manga com o coentro picado, as raspas de limão e as sementes de cominho-preto. Despeje esse molho de manga por cima da berinjela assada. Separe o preparo em dois e misture cuidadosamente uma metade no macarrão.

Divida o macarrão em quatro tigelas, cubra com o restante do molho de manga e polvilhe tudo com as sementes de gergelim e a pimenta-malagueta, para dar uma cor. Também fica ótimo temperado com um pouco de Molho de tahine (p. 82).

DADO NUTRICIONAL

Fonte de fibras solúveis, o arroz negro é incrivelmente rico em minerais, sendo o mais denso de todos os arrozes. O manganês e o cálcio favorecem a saúde óssea, enquanto o zinco ajuda o sistema imunológico.

DHAL APIMENTADO

Esse é um de meus pratos prediletos para o fim de semana – é simples, delicioso e satisfaz –, deixando feliz até quem é apaixonado por carne. E dá para preparar o Pão achatado de trigo-sarraceno (p. 219) enquanto o dhal cozinha – oba!

4 porções

5 favas de cardamomo
¼ de colher (chá) de pimenta-calabresa em flocos (opcional)
4-5 grãos de pimenta-do-reino
1 colher (chá) de sementes de coentro
1 colher (chá) de cominho em pó
1 colher (chá) de canela em pó
1 colher (sopa) de garam masala
1 colher (chá) de cúrcuma
2 dentes de alho
2,5 cm de gengibre
½ pimenta-malagueta
60 g de coentro
1 colher (chá) de ervas mistas
uma pitada de sal rosa do Himalaia
3 colheres (sopa) de óleo de girassol
2 colheres (sopa) de água
2 cebolas bem picadas
250 g de lentilha vermelha seca
50 g de hortelã picada
75 g de iogurte de soja
suco de limão-siciliano

Em uma frigideira sem óleo em fogo médio, toste por 1-2 minutos o cardamomo, a pimenta-calabresa, a pimenta-do-reino e as sementes de coentro.

Bata no liquidificador junto com o restante das especiarias, o alho, o gengibre, a pimenta-malagueta, as ervas, o sal, 2 colheres (sopa) de óleo de girassol e 2 colheres (sopa) de água até obter uma pasta.

Em uma panela em fogo médio, com 1 colher (sopa) de óleo de girassol, refogue a cebola. Pouco antes de a cebola ficar transparente, acrescente aí a pasta de especiarias e refogue por 15 minutos; vá pingando água fria constantemente [1 colher (sopa) de cada vez] para manter a temperatura baixa e evitar que a pasta grude no fundo da frigideira.

Acrescente a lentilha vermelha à panela e mexa bem para que se misture à pasta. Então, adicione 600 ml de água, de modo a cobrir a lentilha. Deixe cozinhar em fogo brando por 20 minutos. Mexa de vez em quando para que a lentilha não grude no fundo da panela. Nessa altura a lentilha já deve ter absorvido quase toda a água, então acrescente mais 240 ml, ou quanto for preciso. Assim que a lentilha estiver com o triplo do tamanho e grande parte da água tiver sido absorvida, tire a panela do fogo e deixe esfriar por cerca de 10 minutos antes de servir.

Sirva com hortelã fresca picada e misturada com iogurte de soja, um toque de suco de limão e o Pão achatado de trigo-sarraceno (p. 219).

Chutney de manga

¼ de cebola roxa
5 mm de gengibre ralado
100 g de manga fresca
raspas finas de 1 limão-taiti
uma pitada de pimenta-calabresa em flocos

Corte a cebola em cubos pequenos, transfira para uma tigela e cubra com o gengibre ralado.

Corte a manga em cubos, coloque uma metade com a cebola e o gengibre e bata a outra metade no liquidificador até obter um purê – é o "molho" que vai dar liga ao chutney.

Adicione o purê aos demais ingredientes, misture bem e tempere a gosto com as raspas de limão e uma pitada de pimenta-calabresa em flocos.

DADO NUTRICIONAL

A lentilha vermelha (ou lentilha turca, ou libanesa) seca é uma das fontes mais usadas de proteína na culinária asiática, e seu teor de carboidrato de liberação lenta faz dela um alimento nutritivo e energizante.

"RISOTO" DE ESPINAFRE E CEVADINHA

Esse é um prato simples e perfeito para o jantar, e, assim que você dominar a técnica, poderá se divertir experimentando novos sabores – misture diferentes purês no final do cozimento. Lembre-se de que a cevadinha contém glúten e não é recomendada para quem tem alergia, mas pode ser substituída por arroz integral para risoto.

4 porções

3 colheres (sopa) de caldo de legumes em pó
800 ml de água fervente
2 cebolas roxas pequenas
2 dentes de alho
3 colheres (sopa) de óleo de girassol
200 g de cevadinha
200 g de folhas pequenas de espinafre ou 4 beterrabas cozidas
uma pitada de sal rosa do Himalaia
60 g de coentro
raspas finas de 1 limão-siciliano
suco de ½ limão-siciliano

Dissolva completamente o caldo em pó em água fervente até obter um caldo de legumes. Reserve.

Pique bem a cebola e um dos dentes de alho e refogue em uma panela grande em fogo médio com 2 colheres (sopa) de óleo de girassol. Adicione a cevadinha e mexa por 1 minuto antes de juntar parte do caldo. A cevadinha deve começar a absorver o líquido (como acontece em um risoto de arroz).

Após usar metade do caldo e a cevadinha ter absorvido boa parte do líquido, despeje o restante do caldo na panela e deixe a cevadinha cozinhar por 15 minutos em fogo médio. Fique mexendo constantemente para que o preparo não grude no fundo da panela. Assim se forma o aspecto cremoso clássico do risoto.

Enquanto isso, bata no liquidificador o espinafre ou a beterraba, conforme o gosto, com uma pitada de sal, o restante de óleo de girassol e um dente de alho, até obter um purê macio.

Assim que a cevadinha estiver cozida e todo o líquido for absorvido, adicione o purê ao "risoto", refogue por 3 minutos e desligue.

Pique o coentro e adicione ao "risoto" junto com as raspas e o suco de limão. Sirva imediatamente.

Piña nutada

Essa versão da tradicional piña colada é uma bebida cremosa fantástica! Com ou sem vodca, esse coquetel altamente proteico proporciona muita energia, além de alimentar a pele com os ácidos graxos essenciais existentes na amêndoa.

RENDE 4 COPOS PEQUENOS OU 2 GRANDES

500 ml de leite de amêndoa não adoçado (p. 63)
uma pitada de canela
uma pitada de noz-moscada ralada
3 gotas de extrato de baunilha (opcional, para adoçar)
4 doses de vodca (de quinoa, se possível)
uma pitada de cominho em pó, para polvilhar no final (opcional)

Misture os ingredientes na coqueteleira e gele, antes de servir, com gelo triturado. O toque de cominho rebate a doçura. Descarte a vodca e o cominho para as crianças – elas vão adorar.

DADO NUTRICIONAL

Esse prato é uma ótima maneira de comer espinafre, rico em ferro, para quem não costuma fazer suco verde. A fibra do espinafre é essencial para a saúde do sistema digestório.

PÉ DE MOLEQUE DE GERGELIM

Não há doce mais gratificante – e o pé de moleque pode ser guardado no freezer por pelo menos dois meses, isto é, se não acabar antes. Fica fantástico partido sobre sorvete (p. 222), usado para dar um toque doce e crocante em saladas ou até sozinho, de tão delicioso que é.

rende uma bandeja inteira

100 g de açúcar de palma
200 g de xarope de agave
75 g de manteiga vegana
½ colher (chá) de extrato de baunilha
¼ de colher (chá) de bicarbonato de sódio
¼ de colher (chá) de sal rosa do Himalaia
⅛ de colher (chá) de pimenta-de-caiena (opcional)
190 g de sementes de gergelim cruas

Forre uma assadeira com papel-manteiga e reserve.

Em uma panela antiaderente, em fogo médio, vá dissolvendo o açúcar de palma com o xarope de agave. Misture bem com uma colher de pau, até o açúcar se dissolver. Isso feito, acrescente os demais ingredientes, exceto as sementes de gergelim (a pimenta-de-caiena proporciona um toque especial ao pé de moleque, mas use com parcimônia ou descarte, se não quiser um doce picante demais).

Aumente a temperatura para alta por cerca de 5 minutos, para que o preparo ferva rapidamente. Tenha cuidado para não se queimar com os respingos! Alcançado o ponto de fervura, deixe o preparo borbulhar por mais 2 minutos e tire do fogo. Incorpore rapidamente as sementes de gergelim.

Transfira o preparo para a assadeira forrada e leve ao freezer por 2 horas ou de um dia para o outro. Mantenha no freezer até a hora de utilizar, do jeito que achar melhor.

DICA DE TASH

Essa receita vem com um aviso... não exagere na hora de comer doce! É preciso ferver o preparo para garantir que dê liga.

DADO NUTRICIONAL

As sementes de gergelim são ricas em selênio, que hoje faz tanta falta no solo, por causa do excesso de cultivo. O selênio é necessário à imunidade, à recuperação da pele, para melhorar as funções cerebrais e para estimular o metabolismo.

PANNA COTTA DE CAPIM-LIMÃO E ÁGUA DE ROSAS

Se quiser fazer um pudim para impressionar, essa é a receita. Além de ser incrivelmente apetitosa, essa sobremesa sem culpa pode ser conservada por três dias na geladeira; então, se sobrar (mas eu duvido que isso aconteça), aproveite para satisfazer sua vontade de doces no dia seguinte.

4 porções

400 ml de leite de coco
50 ml de leite de arroz
1 capim-limão cortado ao meio no sentido do comprimento, para infusão
50 ml de xilitol
sementes de ½ fava de baunilha, partida e raspada, ou 2 colheres (chá) de extrato de baunilha
2 colheres (chá) de ágar-ágar
1 ¼ colher (chá) de água de rosas
pétalas de rosa, para decorar

Separe quatro ramequins ou forminhas de 7,5 cm, ou use xícaras de vidro.

Em uma panela em fogo médio, leve ao ponto de fervura o leite de coco e o leite de arroz junto com o capim-limão por 5 minutos. Em seguida, adicione o xilitol e as sementes (ou extrato) de baunilha e deixe ferver por mais 5 minutos.

Então, tire e descarte o capim-limão. Acrescente o ágar-ágar. Mexa vigorosamente até que dissolva por completo.

Tire a panela do fogo, adicione a água de rosas e peneire o preparo para garantir uma textura lisa. Despeje nos quatro ramequins ou forminhas e leve à geladeira por 3 horas para ficarem firmes. Deixe algumas pétalas de rosa no freezer, por 2 horas, para decorar.

Desenforme os doces em pratos individuais (é só colocar de ponta-cabeça no prato e dar um tapinha na base do ramequim para soltar; abaixo, a minha dica) e decore com as pétalas de rosa congeladas.

DICA DE TASH

Essas belezuras são delicadas até para saírem da fôrma. Costumo pressionar um pouco com um dedo na beirada para liberar a sucção de ar e soltá-la levemente na fôrma. Então, é só colocar o prato por cima, girar de ponta-cabeça e dar tapinhas na base da fôrma para o doce se soltar.

DADO NUTRICIONAL

O capim-limão é muito usado na Ásia pelas propriedades anti-infectantes, antibacterianas e antivirais. Nessa receita, a erva libera o sabor delicado em infusão com o leite de coco, que é rico em proteína e ajuda o sistema imunológico.

PARA CURAR E ESTIMULAR

A vida é um mar de surpresas, então é bom ter sempre à mão receitas de sucos e bebidas saudáveis para ajudar qualquer um a se reaprumar. Para quem está sempre cansado, ou desanimado, ou apenas resfriado, cada receita tem exatamente os nutrientes de que o corpo precisa para se reerguer.

CURA INFALÍVEL

CHOCOLATE QUENTE COM CASTANHA-DE-CAJU

Quando nos sentimos um pouco cabisbaixos, não há nada melhor do que um bom chocolate quente. Essa xícara de reconforto levanta o seu moral graças à castanha-de-caju, que tem alto teor de niacina – um realçador de humor. Você sabia que um punhado de castanha-de-caju é equivalente a uma dose de Prozac? Então, após esse chocolate quente, não haverá mais motivo para chorar!

2 porções

500 ml de leite de coco sem lactose*
2 colheres (sopa) cheias de cacau cru em pó
um punhado de castanha-de-caju crua
2 colheres (sopa) de substituto de açúcar (xarope de arroz integral ou xarope de agave)

* Não existe leite de coco sem lactose à venda no Brasil, mas a preparação é fácil: coloque a polpa ralada de 1 coco fresco e maduro e 500 ml de água filtrada em uma panela e leve à fervura; assim que ferver, retire a panela do fogo e deixe amornar; bata no liquidificador por 3 minutos, até o coco ficar bem fino; coe num pano limpo ou numa peneira, espremendo bem para extrair todo o líquido; conserve por até 3 dias na geladeira.

No liquidificador, bata todos os ingredientes até obter um preparo homogêneo.

Em uma panela em fogo brando, aqueça até que o preparo atinja a temperatura desejada.

Despeje nas xícaras e entre em um saudável "coma" achocolatado. Se quiser, acrescente uma colherada de creme sem lactose (Torta crua de banana, p. 171) por cima. Delícia!

DICA DE TASH

Se gostar de chocolate quente mais aguado, descarte as castanhas-de--caju e acrescente 4 colheres (sopa) de água.

CHÁS E INFUSÕES

Chá para o estresse – botão de rosa, canela e camomila

Essa combinação de especiarias e flores tem toque relaxante. A canela e a noz-moscada são calmantes (além de anti-inflamatórias). A camomila é muito relaxante e digestiva (ajudando a expelir o excesso de gás no sistema digestório), enquanto os botões de rosa aumentam a sensação de relaxamento.

2 colheres (chá) de botões de rosa secos
2 flores de camomila (seca ou fresca)
1 pau de canela pequeno
uma pitada de noz-moscada ralada
500 ml de água em ponto de fervura

Acrescente a água em ponto de fervura às ervas, especiarias e folhas e deixe em infusão por 10-12 minutos antes de servir. Peneire e sirva logo.

Chá para barriga lisa – urtiga, erva-doce, olmo-vermelho e hortelã-pimenta

A urtiga e a erva-doce são diuréticos naturais (elas permitem ao corpo eliminar a água retida), enquanto o olmo-vermelho acalma a inflamação gastrointestinal. A hortelã-pimenta é amplamente conhecida por sua ajuda na digestão.

1 sachê de cada uma das seguintes ervas:
urtiga, erva-doce e hortelã-pimenta
uma pitada de folhas ou pó de olmo-vermelho
500 ml de água em ponto de fervura

Deixe em infusão os sachês e as folhas ou o pó de olmo-vermelho, em água em ponto de fervura, por 15 minutos. Coe e sirva imediatamente. Ou deixe esfriar e guarde na geladeira, tomando aos poucos durante o dia, especialmente após as refeições, para maximizar seus efeitos.

Chá para a fadiga – erva-mate, chá branco e alecrim

A erva-mate é o antigo chá dos incas; feito com as folhas de uma árvore sagrada, o chá era usado pelo antigo povo sul-americano para aumentar o vigor. O alecrim é uma erva muito estimulante e confere a esse chá um toque tônico; mas deve ser usado com moderação para evitar palpitações. O chá branco estimula o sistema imunológico e a produção de energia, limpa o organismo e emagrece.

1 colher (chá) de erva-mate
½ colher (chá) de folhas de chá branco puro
1 ramo pequeno de alecrim
500 ml de água em ponto de fervura

Acrescente a água em ponto de fervura às ervas e folhas de chá e deixe em infusão por 10 minutos. Coe e sirva imediatamente. Também pode ser servido frio, mas não deixe as folhas em infusão por mais de 10 minutos antes de coar, ou o chá vai ficar amargo demais.

Chá para o resfriado – anis-estrelado, limão e gengibre

O anis-estrelado estimula o sistema imunológico, assim como o gengibre, ajudando seu corpo a combater os microrganismos patogênicos eficientemente. Além do mais, o óleo das raspas de limão e o suco do limão são ricos em vitamina C, que reforça as defesas naturais do corpo.

2 anises-estrelados
2,5 cm de gengibre ralado grosseiramente
raspas finas e suco de ½ limão-siciliano
500 ml de água em ponto de fervura

Deixe todos os ingredientes em infusão na água em ponto de fervura por 15-20 minutos antes de servir. Acrescente mais água durante o dia e beba de vez em quando.

PARA RESFRIADO

SOPA DE CENOURA E KÜMMEL

Para curar o resfriado, nada melhor do que uma maravilhosa sopa quente, que acelera a recuperação. Essa deliciosa sopa também é uma perfeita entrada para um jantar entre amigos.

4 porções

1 colher (sopa) de caldo de legumes em pó
1,2 litro de água fervente
1 cebola grande bem picada
2 dentes de alho bem picados
2 colheres (sopa) de óleo de girassol
1 colher (chá) de cominho em pó
1 colher (sopa) de kümmel
1 kg de cenoura descascada e cortada em pedaços
2 anises-estrelados
20 g de coentro picado grosseiramente
1 colher (sopa) de pasta de ameixa umeboshi

Dilua totalmente o caldo em pó em água fervente para obter um caldo de legumes. Reserve.

Em uma panela média em fogo brando, refogue a cebola e o alho no óleo de girassol. Tempere com o cominho e mexa bem. Acrescente o kümmel e 1-2 colheres (sopa) de água fria para reduzir a temperatura da panela. Assim que a cebola estiver transparente, adicione a cenoura.

Em seguida, acrescente o caldo de legumes e o anis-estrelado – que vai boiar na superfície da sopa enquanto libera seu delicioso aroma. Deixe a sopa cozinhar em fogo brando por 30 minutos.

Tire a panela do fogo e transfira o conteúdo para o liquidificador (descarte o anis-estrelado antes). Bata até obter um preparo homogêneo, adicione o coentro e a pasta de ameixa umeboshi e tempere a seu gosto antes de servir. Verifique a temperatura da sopa: deve estar suficientemente quente. Do contrário, leve de volta ao fogo para esquentar mais. Sirva bem quente.

DADO NUTRICIONAL

O anis-estrelado tem propriedades antivirais, assim como o alho. Juntos, eles derrubam o vírus do resfriado.

SOPA DE CASTANHA E DAMASCO

Essa sopa, tão prática, é perfeita para se aquecer no inverno, no aconchego do sofá, e ajuda a estimular seu sistema imunológico.

2 porções

1 colher (sopa) de caldo de legumes em pó
1,5 litro de água fervente
160 g de alho-poró picado
1 dente de alho bem picado
1 colher (sopa) de óleo de girassol
2 folhas de louro pequenas
1 colher (chá) de folhas de tomilho fresco, mais alguns ramos para decorar (opcional)
½ colher (chá) de coentro em pó
250 g de castanha-portuguesa já cozida, picada grosseiramente
100 g de damasco seco, picado grosseiramente

Dilua totalmente o caldo em pó na água fervente para obter um caldo de legumes. Reserve.

Em uma panela média em fogo brando, refogue o alho-poró e o alho no óleo de girassol. Acrescente as folhas de louro, o tomilho e o coentro em pó e mexa bem. Uma vez o alho-poró refogado, junte a castanha e o damasco seco. Em seguida, adicione o caldo e cozinhe em fogo brando por 25 minutos.

Tire a panela do fogo e transfira o conteúdo para o liquidificador (descarte as folhas de louro). Bata até o preparo ficar homogêneo. Verifique a temperatura da sopa (deve ser bem quente) e, se preciso, volte a sopa à panela e ao fogo. Sirva bem quente e decore cada tigela com um ramo de tomilho, a gosto.

DADO NUTRICIONAL

O betacaroteno do damasco reforça a imunidade.

SOPA DE AIPO--RÁBANO E LARANJA

Essa é uma das minhas sopas prediletas – cremosa e de sabor delicioso e delicado. Não somente é boa contra o resfriado, mas também para combater a retenção de água. E é uma ótima entrada para um jantar entre amigos, decorada com raspas de laranja.

4 porções

5 colheres (sopa) de óleo de girassol
1 bulbo de erva-doce (cerca de 300 g) picado em cubos de 2,5 cm
1 cebola picada
1 dente de alho picado
1 colher (sopa) de caldo de legumes em pó
800 ml de água
900 g de aipo-rábano picado
400 ml de leite de coco
1 colher (sopa) de pasta de ameixa umeboshi
raspas finas de 1 laranja, para decorar

Preaqueça o forno a 170°C.

Primeiro, em uma assadeira com 2 colheres (sopa) de óleo, asse a erva-doce por 30 minutos. Tire do forno e reserve.

Em uma panela em fogo alto, refogue a cebola e o alho no óleo restante por 2 minutos. Dissolva completamente o caldo em pó em 50 ml de água fervente para obter um caldo de legumes e adicione à panela. Deixe cozinhar por mais 2 minutos em fogo médio. Acrescente 240 ml de água e cozinhe por mais 2 minutos.

Acrescente o aipo-rábano picado e a erva-doce assada e cubra com a água restante. Cozinhe em fogo médio por 40 minutos. Então, adicione o leite de coco e a pasta de ameixa umeboshi.

Transfira o conteúdo para o liquidificador e bata até o preparo ficar homogêneo. Verifique a temperatura da sopa e, se preciso, volte-a à panela e ao fogo. Sirva a sopa bem quente, decorada com raspas de laranja.

PARA BARRIGA LISA

SOPA DE ERVA-DOCE E ALHO-PORÓ

A erva-doce, um dos meus legumes favoritos, é ótima para diminuir a retenção de água, problema que atinge muitas pessoas. Relaxe e aproveite a sensação de que está afinando a cada colherada!

2 porções

1 bulbo grande de erva-doce (cerca de 375 g)
1 alho-poró grande (cerca de 140 g)
2 colheres (sopa) de óleo de girassol
¼ de colher (chá) de sal rosa do Himalaia
1 colher (sopa) de caldo de legumes em pó
800 ml de água fervente
100 g de cebola bem picada
1 dente de alho bem picado
½ colher (chá) de feno-grego em pó
½ colher (chá) de coentro em pó
20 g de coentro
suco de ½ limão-siciliano

Preaqueça o forno a 170°C e separe uma assadeira.

Corte a erva-doce e o alho-poró grosseiramente, tempere com 1 colher (sopa) de óleo de girassol e sal e asse no forno por 20 minutos.

Enquanto isso, dilua completamente o caldo em pó em água fervente para obter um caldo de legumes. Reserve.

Enquanto os legumes assam, numa panela grande em fogo brando, no restante do óleo, refogue a cebola e o alho com as especiarias em pó. Acrescente 1-2 colheres (sopa) de caldo para manter a panela em temperatura baixa. Assim que tirar a erva-doce e o alho-poró do forno, transfira os legumes para a panela e acrescente o restante de caldo.

Aumente o fogo e leve a sopa para ferver por cerca de 10 minutos.

Tire a panela do fogo e transfira o conteúdo para o liquidificador. Acrescente o coentro e o suco de limão e bata até obter um preparo homogêneo. Verifique a temperatura e, se preciso, volte a sopa para a panela e o fogo. Sirva bem quente e decore com uma delicada folha de erva-doce, a gosto.

DICA DE TASH

Se você não tiver tempo para assar a erva-doce, use-a crua e aumente o tempo de cozimento, deixando-a cozinhar até ficar macia.

DADO NUTRICIONAL

A erva-doce ajuda a regular os hormônios e fornece fibra, ácido fólico e potássio para a saúde do coração.

SUCOS

SUCO VERDE PARA BARRIGA LISA
CONTRA A RESSACA Nº 3
CONTRA A FADIGA Nº 2
CONTRA A RESSACA Nº 1
CONTRA A FADIGA Nº 1

CONTRA A RESSACA

Suco nº 1

O gengibre é um importante aliado do fígado e reduz a náusea, enquanto a água de coco reidrata rapidamente, pois tem o mesmo pH que o sangue, ajudando a restabelecer o equilíbrio sódio/potássio do corpo. O tomate e o suco de limão-taiti fornecem boa dose de betacaroteno e vitamina C, essenciais para eliminar os radicais livres devidos ao excesso de bebida alcoólica.

1 porção

1 colher (chá) de gengibre ralado
2 tomates médios picados grosseiramente
330 ml de água de coco
1 colher (chá) de salsa
suco de 1 limão-taiti

Bata no liquidificador todos os ingredientes em velocidade alta e, em seguida, acrescente gelo. Beba imediatamente.

Suco nº 2

Essa receita é para ressacas bravas. A erva de trigo ou de cevada ajuda o fígado a se desintoxicar, e o pepino é superalcalino, reequilibrando logo o corpo. A chia é rica em fibras e ácidos graxos, essenciais para eliminar os resíduos tóxicos.

1 porção

1 colher (chá) de erva de trigo ou erva de cevada em pó
um punhado de agrião, bem enxaguado e sem os talos mais duros
1 maçã sem caroços picada
2 colheres (chá) de sementes de chia
½ pepino
240 ml de água filtrada ou alcalina

Bata no liquidificador todos os ingredientes em alta velocidade até obter uma bebida homogênea, acrescentando água, se preciso. Para otimizar os efeitos, sirva imediatamente.

Suco nº 3

A alface-americana é rica em potássio e fósforo, ajudando o corpo a reequilibrar os eletrólitos essenciais rapidamente. A salsa, o pimentão verde e o kiwi são ótimas fontes de vitamina C, utilizada em grande quantidade pelo corpo de quem bebeu muito álcool.

1 porção

½ colher (chá) de raiz-forte em pó
½ alface-americana picada
½ pimentão verde
um punhado de folhas de salsa, sem os talos
1 kiwi descascado
240 ml de água filtrada ou alcalina

Bata no liquidificador todos os ingredientes até obter uma bebida homogênea. Adicione mais água, se for preciso. Sirva logo para otimizar os efeitos.

DADO NUTRICIONAL

Essas bebidas agem em qualquer tipo de ressaca! A ressaca é o resultado de desidratação extrema, então é vital se reidratar com vitaminas e minerais e seus nutrientes, e não apenas com água, para reequilibrar rapidamente o corpo.

CONTRA A FADIGA

Suco nº 1

O leite de amêndoas é uma rica fonte de proteína e, junto com as sementes de chia e a aveia, fornece um alimento altamente energético e de lenta liberação. As frutas dão um toque doce natural sem alterar o nível de glicose no sangue.

1 porção

1 colher (sopa) de aveia
1 colher (chá) de sementes de chia
1 banana pequena
2 tâmaras sem caroço
1 pêssego ou nectarina
2 gotas de extrato de baunilha
175 ml de leite de amêndoa (p. 63)

Bata no liquidificador todos os ingredientes até obter um smoothie cremoso. Beba imediatamente. É uma verdadeira refeição em um só copo.

Suco nº 2

O abacate e a castanha-de-caju fornecem a proteína que aumenta a energia por várias horas. A maca em pó é conhecida por seu poder de resistência, e a água de coco traz energia de liberação lenta e alcalinidade.

1 porção

¼ abacate
1 maçã sem sementes picada
1 colher (chá) de maca peruana em pó
330 ml de água de coco
6-8 castanhas-de-caju cruas

Bata no liquidificador todos os ingredientes até obter uma bebida homogênea e beba imediatamente ou conserve em recipiente hermético por 1 dia na geladeira.

SUCO VERDE PARA BARRIGA LISA

A erva-doce e o aipo são excelentes alimentos diuréticos, ajudando o corpo a se livrar do excesso de líquido. A maçã é rica em pectina e fibra, as quais asseguram um rápido trânsito do alimento pelo intestino, ajudando a manter a barriga lisa. Os probióticos auxiliam na conservação da saúde das bactérias digestivas do intestino grosso.

1 porção

1 bulbo de erva-doce
3 talos de aipo, mais perto do coração do que os talos externos
1 maçã
250 ml de água de cozimento no vapor de aspargos ou alcachofras (nunca descarte essa água, pois é altamente alcalina)
1 sachê de suplemento probiótico em pó (opcional)

Extraia o suco da erva-doce, do aipo e da maçã e misture com a água de cozimento dos aspargos ou alcachofras. Acrescente o suplemento probiótico antes de beber. Esse suco tem validade de 6 horas se mantido na geladeira em recipiente hermético.

ÍNDICE

AGRADECIMENTOS

De Tash – Em primeiro lugar, quero agradecer a Jacqui e à sua equipe por acreditarem em mim pela segunda vez e ajudarem a criar este lindo livro. À fabulosa Lisa Linder, que continua tirando fotos incríveis para ajudar a fazer deste livro o que ele é. Obrigada, também, a Lawrence e a Cynthia por fazerem com que o que criamos pareça tão lindo, e a Nikki por garantir que tudo faça sentido!

À minha equipe da Honestly Healthy por me ajudar a concretizar minha visão e executar minhas criações para as fotos.

Quero agradecer aos meus amigos e à minha família por serem minhas cobaias, tantas e tantas vezes, especialmente aos meus fiéis convidados de jantares e festas, Lucy, Bill, Wifey, Nick, Fluff e Ike.

E à minha família, que me deixou roubar suas receitas e transformá-las em opções para uma vida saudável! E, claro, a Vicki, minha parceira!

De Vicki – A Tash, por levar o barco adiante e me fazer acreditar que podemos "fazer por merecer", quando eu era inicialmente tão resistente! À fenomenal equipe da Jacqui por ter dado o melhor em cada etapa. A Lawrence, por entender que as duas partes deste livro precisam se apoiar mutuamente e não podem ser separadas, e a Lisa por suas estonteantes fotos, que captam a verdadeira essência dos alimentos nutritivos e apetitosos. E a você, leitor, por ter comprado este livro. Prometo que você não vai se decepcionar.

Título original: *Honestly Healthy For Life*

Publicado originalmente na Grã-Bretanha em 2014 por Jacqui Small LLP, um selo editorial da Aurum Press, 74-77 White Lion Street, N1 9PF, Londres, Inglaterra.

Coordenação do projeto: Publifolha
Editora-assistente: Andréa Bruno
Coordenadora de produção gráfica: Mariana Metidieri

Produção editorial: Página Viva
Edição: Carlos Tranjan
Tradução: Eric Heneault
Consultoria: Paulo Verissimo
Revisão: Eloiza Lopes, Maria Prado

Edição original: Jacqui Small
Publisher associada: Joanna Copestick
Gerente editorial: Lydia Halliday
Editora do projeto: Nikki Sims
Diretor de arte: Lawrence Morton
Produção de objetos: Cynthia Inions
Ilustrações: Emma Dibben
Produtora: Maeve Healy

Dados Internacionais de Catalogação na Publicação (CIP)
(Câmara Brasileira do Livro, SP, Brasil)

Corrett, Natasha
Alimentos para o equilíbrio e a saúde : incorpore a dieta alcalina a pratos saborosos em todas as ocasiões / Natasha Corrett, Vicki Edgson ; fotos Lisa Linder ; [tradução Eric Heneault]. -- São Paulo : Publifolha, 2015.

Título original: Honestly healthy for life.
ISBN 978-85-68684-34-4

1. Culinária (Receitas) 2. Desequilíbrio ácido-base - Dietaterapia - Receitas 3. Dietas - Receitas I. Edgson, Vicki. II. Linder, Lisa. III. Título.

15-09818 CDD-641.5631

Índices para catálogo sistemático:
1. Dieta alcalina : Receitas culinárias 641.5631

Este livro segue as regras do Acordo Ortográfico da Língua Portuguesa (1990), em vigor desde 1º de janeiro de 2009.

Impresso na Toppan Leefung Printing, China.

PUBLIFOLHA
Divisão de Publicações do Grupo Folha
Al. Barão de Limeira, 401, 6º andar
CEP 01202-900, São Paulo, SP
Tel.: (11) 3224-2182/ 2187/ 2197
www.publifolha.com.br

Natasha Corrett é uma criativa chef vegetariana e empresária. Sua paixão pela culinária começou aos 16 anos na cozinha do restaurante do seu pai, e seu interesse pela nutrição brotou de uma busca pessoal por ser mais saudável. Desde que lançou o site Honestly Healthy em 2010, Natasha se tornou líder da dieta alcalina e treinou chefs a cozinhar de forma saudável em hotéis cinco estrelas na ilha Maurício, nas ilhas Maldivas e em Londres. Seu serviço pioneiro de entrega de comida – Fridge Fill – abastece os clientes do Reino Unido com cardápios nutritivos feitos sob medida. Ela se preocupa com a maneira como a indústria alimentícia afeta nosso meio ambiente, e seu recado para comermos de forma saudável está longe de ser superficial. Natasha também contribui para a edição on-line de *Harper's Bazaar, Women's Health, Huffington Post* e *Positive Luxury*.

Vicki Edgson é uma terapeuta nutricional e naturopata reconhecida que hoje exerce sua prática em Londres, Maiorca e Miami. Sua fama vem do trabalho desenvolvido junto a muitos médicos e especialistas para levar as pessoas a entender melhor como funciona o corpo e quais os alimentos de que precisa. Ela ancora vários programas de televisão, entre os quais *Diet Doctors,* no Channel 5, e *Fat Nation*, para a BBC no Reino Unido. Também é autora consagrada na mídia internacional por suas publicações sobre saúde e nutrição. Há onze anos organiza palestras sobre estilo de vida no mundo todo. Saiba mais sobre a autora em www.vickiedgson.com (site em inglês).

Para conhecer mais sobre a proposta das autoras e acompanhar as novidades, visite www.honestlyhealthyfood.com (site em inglês).